楊浦遺稿
양포유고

지만지한국문학의 <지역 고전학 총서>는
서울 지역의 주요 문인에 가려 소외되었던
빛나는 지역 학자의 고전을 발굴 번역합니다.
'중심'과 '주변'이라는 권력에서 벗어나
모든 지역의 문화 자산이 동등한 대우를 받을 수 있도록 합니다.
지역 학문 발전에 이바지한 지역 지식인들의 치열한 삶과 그 성과를 통해
새로운 지식 지도를 만들어 나갑니다.

지역 고전학 총서

楊浦遺稿
양포유고

최전(崔澱) 지음
서미나 옮김

대한민국, 서울, 지만지한국문학, 2022

편집자 일러두기

- 이 작품은 ≪양포유고(楊浦遺稿)≫ 추각후쇄본(국립중앙도서관 소장)을 원전으로 삼아 번역했습니다.
- 이 책은 한국어로는 처음 출간됩니다.
- 이 책의 주석은 모두 옮긴이가 독자의 이해를 돕기 위해 단 것입니다. 엮은이의 원주는 제목 아래에 작은 글씨로 표시하고 각주로 원문을 밝혔습니다.
- 한글에 한자를 병기할 때 괄호 안의 말과 바깥 말의 독음이 다르면 [ ]를 사용하고, 번역어의 원문을 표시할 때는 ( )를 사용했습니다. 또 괄호가 중복될 때에도 [ ]를 사용했습니다.

차 례

서(序)

양포유고 서(楊浦遺稿 序) ·········3
양포최씨시 서(楊浦崔子詩 叙) ··········8

제문(祭文)

오 수사에 대한 제문(祭吳水使文) ········19

시(詩)

남간에 부친 시(題南澗詩) ············29
강동으로 돌아가는 공소보를 보내다(送孔巢父歸江東) 33
삼언 오언 칠언(三五七言) ············37
황해도 관찰사 윤두수와 헤어지다(別海臯倅梧陰) ··39
늙은 말(老馬) ················41
호연정에서(浩然亭) ·············42
장선동에서 노닐다(遊藏仙洞) ········43

정토사에서(淨土寺) · · · · · · · · · · · · · ·44
정정이가 청평산으로 놀러 가는 것을 보내다(送鄭靜而遊淸平山) · · · · · · · · · ·45
김양촌과 헤어지다(別金楊村) · · · · · · · · · ·46
신광사에서 노닐다(遊神光寺) · · · · · · · · · ·47
영해감사가 운을 부르다(瀛海監呼韻) · · · · · · · ·48
지천이 부르는 운 따라 읊다(芝川呼韻) · · · · · · ·49
도성암에서 우연히 읊다(道成菴偶吟) · · · · · · · ·50
어떤 이에게 주다(其二贈人) · · · · · · · · · · ·51
간성의 청간정에 제해 양봉래의 시에 차운하다(題杆城淸澗亭 次楊蓬萊韻) · · · · · · · · · ·52
영월루에 부치다(題詠月樓) · · · · · · · · · · ·54
건봉사에 올라 남쪽 누각에서 우연히 쓰다(登乾鳳寺南樓偶書) · · · · · · · · · · · · · ·55
졸고 난 뒤에 원사(源師)의 시축(詩軸)에 부치다(睡後題源師軸) · · · · · · · · · · · · · ·56
경포에 부치다 2수(題鏡浦 二首) · · · · · · · ·57
바다를 보다(觀海) · · · · · · · · · · · · · · ·59
벗을 만나다(逢友人) · · · · · · · · · · · · · ·60
박연 폭포에서(朴淵瀑布) · · · · · · · · · · · ·61
달을 읊다(詠月) · · · · · · · · · · · · · · · ·62

산두가 나에게 시 한 편을 부쳤는데 전하는 자가 지체해 이제야 비로소 보았다. 이는 원진과 백거이가 편지를 주고받던 것과 차이가 없으니, 감흥이 일어 절구 두 수를 이루고는 <구별리>를 지었는데 그 운을 따라 짓고 부친다(山斗寄我詩一章, 傳者遷延, 今始得見. 是與元白郵筒無異, 感成兩絶, 作久別離. 隨步其韻以寄) ········63

두보의 시 <변방에서 이백을 생각하며>에 차운하고 아울러 부치다(次杜詩天末懷李白幷寄) ········65

강루에서 우연히 읊다(江樓偶吟) ········67

소나무와 대나무(松竹) ········68

풍악산에서 노닐다(遊楓岳山) ········69

봉래로 가는 월오를 전송하다(送月梧之蓬萊) ···70

기러기 그림에 부치다(題畫鴈) ········71

율곡 선생이 부르는 운 따라 읊다(栗谷先生呼韻) ···72

기재를 우연히 읊다(企齋偶吟) ········73

정인사에서 우연히 읊다(正因寺偶吟) ········74

기 공의 저택 영월루에 제하다(題奇公第詠月樓) ···75

정토사에서 친구와 헤어지다(淨土寺別友人) ····76

장성으로 가는 오 형을 전송하다(送吳兄之長城) ···78

임화정이 매화를 찾는 그림에 제하다(題林和靖訪梅圖) 79

용잠에 오르다(登龍岑) ········80

김취면이 그린 그림에 제하다(題金醉眠畫圖) ···· 81
홍태고를 찾아갔으나 만나지 못하다(訪洪太古不遇) · 82
송악산에서 쟁 소리를 듣다(松岳聞箏) ····· 83
산방에서 묵다(宿山房) ········ 84
천마산에서 노닐다(遊天磨山) ········ 85
집구(集句) ············ 86
하곡의 시에 차운하다(次荷谷韻) ······· 87
버들개지(楊花) ·········· 88
산인에게 주다(贈山人) ········ 89
포도 그림(葡萄圖) ········· 90
벗에게 주다(贈友人) ········ 91
봄날(春日) ············ 92
눈보라 속에서 문득 읊조리다(風雪偶吟) ····· 93
벗을 전송하다(送友人) ········· 94
어떤 이를 전송하다(送人) ········ 95
미인에게 주다(贈美人) ········ 96
그대 보내며(挽人) ········· 97
꿈속에 짓다(夢中偶成) ········ 98
주 상인이 봉래로 돌아가는데 주다(贈釋珠上人歸蓬萊) ·
·············100
벗에게 주다(贈友人) ·········101

천마산에서 노닐다(遊天磨山)············102

신광사에서 노닐다(遊神光寺)············103

그대 떠나보내다(送人)···············104

습유(拾遺)

용문 산인이 봉래로 돌아가는 것을 떠나보내다(送龍門山人歸蓬萊)·····················107

벗을 떠나보내다(送友人)··············109

서호에서(西湖)··················110

문산의 시를 읽고(讀文山詩)············111

봄놀이하다(春遊)·················113

봄을 아쉬워하다(惜春)···············114

생황 불다(吹笙)··················115

산인에게 주다(贈山人)···············116

강남의 절을 노닐다(遊江南寺)···········117

사막사에서(沙漠寺)················118

관악산에 들어가다(入冠嶽)·············119

이른 봄(早春)···················120

다연(茶烟)····················121

삼언 오언 칠언(三五七言)·············122

누원에 제하다(題樓院)···············123

양산에서 주역을 읽다(讀易陽山) ········124
어떤 이를 생각하다(懷人) ·······125
그대 떠나보내다(送人) ········126
백로(白鷺) ········127
수종사(水鍾寺) ········128
고니 네 마리(四鵠) ········130
용진 나루를 멀리서 바라보다(遠望龍津渡口) ···133
정양의 천일대(正陽天一臺) ·······134
강가에 임하다(臨川) ········135
봄을 찾다(尋春) ········136
금을 타다(彈琴) ········137
도연명의 시에 화운하다(和陶詩) ·······139
<영형경>에 화운하다(和詠荊卿) ······141
우연히 읊다(偶吟) ········144
물가 초가집에서(水邊茅屋) ·······145
벗을 찾아가다(訪友) ········146
배꽃에 앉은 제비(梨花燕) ·······147
갈대밭의 기러기(蘆鴈) ········148
매화나무 아래의 난초(梅下蘭) ·······149
낚시터에 앉다(坐石磯) ········150
부러진 대나무(折竹) ········151

강을 건너다(渡江) · · · · · · · · · · · · · 152
바위 위에서 금을 울리다(石上鳴琴) · · · · · · · · 153
저녁 까마귀(暮鴉) · · · · · · · · · · · · · 154
배에 누워 잠자다(卧舟眠) · · · · · · · · · · · 155
저물 무렵 다리를 건너다(暮渡橋) · · · · · · · · 156
지족사에서 빗소리를 듣다(知足寺聽雨) · · · · · · 157

잡저(雜著)

독역잡설(讀易雜說) · · · · · · · · · · · · · 161

부록(附錄)

지(志) · · · · · · · · · · · · · · · · · 173
양포 묘갈명(楊浦墓碣銘) · · · · · · · · · · 175
만사(挽詞) · · · · · · · · · · · · · · · · 184
만사(挽詞) · · · · · · · · · · · · · · · · 185
만사(挽詞) · · · · · · · · · · · · · · · · 187
만사(挽詞) · · · · · · · · · · · · · · · · 189
만사(挽詞) · · · · · · · · · · · · · · · · 191
만사(挽詞) · · · · · · · · · · · · · · · · 193

양포의 옛집을 지나다(過楊浦舊居) · · · · · · · · 194
석주의 편지(石洲書) · · · · · · · · · · · · · · 196
양포 최 공 행장(楊浦崔公行狀) · · · · · · · · · 200
양포유고 발문(楊浦遺藁跋) · · · · · · · · · · · 218

해설 · · · · · · · · · · · · · · · · · · · 221
지은이에 대해 · · · · · · · · · · · · · · · 232
옮긴이에 대해 · · · · · · · · · · · · · · · 233

<지역 고전학 총서>를 펴내며

    고전은 시간과 공간에 의해 1차적으로 규정을 받으며, 지금 이곳을 우리에게 의미 있는 메시지로 전달할 수 있는 텍스트를 말한다. '고전'은 역사적으로 상대적인 개념이므로, 고정불변의 권위를 특별히 갖지는 않는다. 보편성을 갖는다고 여겨지는 텍스트들의 경우, 그것이 고전이라 일컬어지는 것은 여전히 지금 여기의 문제를 논의하는 데에 유용하기 때문이다. 그 이상도 이하도 아니다. 이를테면 ≪논어≫가 고전일 수 있는 이유는 '공자의 ≪논어≫'라서가 아니라 지금 이곳을 위해 ≪논어≫ 속 지혜가 필요하기 때문이며, ≪사기≫를 읽어야 한다는 것도 '사마천의 ≪사기≫'라서가 아니라 지금 이곳을 살아가는 인간의 문제를 이해하는 데 중요한 시사점을 제공하기 때문이다. '고전 목록'이 시기별, 주제별로 제작되어야 하는 이유가 바로 여기에 있다.

    그런 점에서 고전은 철저하게 '지역'에 복무한다. 지역은 지금 이곳의 다른 말로서, 시간과 공간으로 규정되는 인간의 삶 자체를 뜻한다. '지역'을 특정 공간으로 한정해선 안 되는 이유가 바로 여기에 있다. 또한 '지역'을 중심과 상대되는 주변으로 환치해서도 안 된다. 중심도 지역이요, 주변도 지역이기 때문이다. 우리는 '지역'을 인간의 삶이 실질적으로 구현되는 장소, 시간과 공간의 좌표에 의해 구분되는 인간적, 인문적 영역으로 이해한다. 곧 특정한 장소는 상상의 중심에 의해 주변화한 곳이 아니라, 그 자체로 하나의 시간과 공간에 의해 규정된 사람들의 삶 자체를 의미하는 것이다.

따라서 '지역'에서 생산된 텍스트, 특히 한문 고전은 무엇이든 의미가 있다. 모두 특정 주체들의 이성과 감성을 함유하고 있기 때문이다. 특히 한문 고전을 주목하는 이유는 그 안에 우리 전통의 삶이 지혜로 녹아 있기 때문이다. 지역은 한글이 일상어가 된 근대 이후에도 한문 고전을 생산하고 있었다. 우리는 이 지점도 주목한다. 지역의 한문 고전은 바로 얼마 전까지만 해도 우리 삶을 보여 주는 텍스트였던 것이다. 우리가 '지역'과 '고전'을 하나로 붙이고, 지역의 모든 인문적, 인간적 생산물을 주목하는 것은 바로 이 때문이다.

그러나 '지금 이곳'의 다른 말로 '지역'을 주목하고, '이곳'에서 생산된 한문 고전을 텍스트로 읽고자 하는 데에는 더욱 중요한 사고가 바탕을 이루고 있다. 바로 인간의 생명 그 자체를 존중하고 평등하게 대하는 태도다. 살았던 것/살아온 것/살아갈 것은 모두 존중받을 필요가 있으며, 이들에 의해서 생성된/생성되고 있는/생성될 텍스트는 모두 평등한 가치를 부여받아야 한다. 학연이든, 지연이든, 권력이든, 소용(所用)이든, 그 어떤 이유로도 생명(우리는 문헌도 하나의 생명으로 간주한다)에 대해 차별할 근거는 없다. '지역'의 편언척자(片言隻字)조차도 의미 있다고 여기는 이유가 바로 여기에 있다. ≪사기≫를 짓기 위해 산천을 거듭 다녔던 사마천의 마음과, 조선 팔도를 수차례 걸어 다니며 작은 구릉과 갈래 길도 세세히 살폈던 김정호의 생각을 떠올려 본다.

이제, 우리는 '지역'에서 생성된 텍스트에 생명을 불어넣고 의미를 부여하는 작업을 시작할 것이다. 그동안 이들은 '생명 없는 생명체'였으며, '고립된 외딴섬'이었다. 비록 미약하지만 이후로 하나씩 '살아 있는 생명체'가 될 수 있도록 소중하게 발굴하고 겸손하게 살피고 애정으로 복원해 21세기 한국 사회의 지적 자산으로 확보하고자 한다. 그 방법은 단순하고 명쾌하다. 가까운 곳에서부터 하나씩 '고전'을 발굴하고 복원하는 것이다. 우리는 저들이 우리의 곁에 존재했건만 아직 손대지 못했음을 반성한다. 이후 복원된 생명들이 아름답게 어우러져 훌륭한 인간적, 인문적 세계를 이룰 수 있기를 기대해 본다. 많은 분들의 동참을 기다린다.

2022년 8월
지역 고전학 총서 기획 위원회

서(序)

양포유고 서

이정귀(李廷龜)[1]

 아! 슬프다. 이는 나의 망우 최언침의 유고다. 언침은 스물두 해를 살았으니 그 원고는 본디 적은데 세상을 떠난 지 이제 25년이 지나서 망실된 것도 또한 정녕 많으리라. 아! 그 수가 적은 것도 괜찮으니 어찌 구태여 많을 것이리오. 그의 시는 청일해 운치가 있고 타고난 자질이 본래 높아 단혈[2]의 새끼 봉황이 소리가 겨우 목에서 나오자마자 어느새 사람들을 깜짝 놀라게 할 만한 것과 같다. 그것을 읽어 보면 종종 솔바람이 서늘히 불어 불을 피워 밥을 먹는 속세인의 말

---

[1] 이정귀[李廷龜, 1564(명종 19)~1635(인조 13)] : 본관은 연안(延安). 자는 성징(聖徵), 호는 월사(月沙)·보만당(保晚堂)·치암(癡菴)·추애(秋崖)·습정(習靜). 시호는 문충(文忠)이다. 벼슬은 우의정, 좌의정에 이르렀다. 한문학의 대가로 글씨에도 뛰어났으며, 조선 중기의 4대 문장가 가운데 한 사람이다. 저서에 ≪월사집≫, ≪서연강의(書筵講義)≫, ≪대학강의(大學講義)≫가 있다.
[2] 단혈(丹穴) : 단사(丹砂)를 내는 산의 구멍으로, 여기에는 봉황이 깃들인다고 한다.

소리는 아니다. 이는 이른바 수후의 구슬3)과 곤산의 옥4)은 적으면 적을수록 더욱 진귀하다는 것이니 또한 어찌 구태여 많을 것이리오. 만일 그가 나이를 조금 빌렸다면 제자백가를 종으로 부리고 이소와 풍아5)를 흘겨보았으리니 어찌 그저 문호를 넓히고 기치를 세우는 데서 그치리오. 안타깝고도 안타깝다.

아! 언침이여. 어찌 유독 시뿐이겠는가. 아름다운 자태와 유덕한 국량은 산처럼 빼어나고 못처럼 (만물을) 담았으며, 준엄한 절조는 찬 서리요 온화한 기품은 따스한 봄이라, 지금까지도 사람들의 눈 안에 또렷하게 새겨 놓았다. 타고난 자질이 아주 훌륭한 데다 일찌감치 율곡 선생에게서 배워 몸을 신칙하고 뜻을 새기며 일을 함에 성실히 수행해서 채

---

3) 수후의 구슬 : 춘추 시대 수(隨)나라의 군주였던 수후(隨侯)가 곤경에 처한 뱀을 구해 주었는데 그 뱀이 뒷날 보옥(寶玉)을 물어다가 수후에게 은혜를 갚았다는 고사가 전한다.
4) 곤산의 옥 : 곤산은 중국 서쪽에 있다는 전설 속 영산(靈山)인 곤륜산(崑崙山)을 가리킨다. 이 산에서 아름다운 옥이 많이 생산된다고 한다.
5) 이소와 풍아 : 이소는 전국 시대 초(楚)나라 굴원(屈原)이 지은 장편 서정시로 ≪초사(楚辭)≫ 가운데 으뜸으로 꼽히며, 풍아란 ≪시경(詩經)≫의 국풍(國風)과 대아(大雅)·소아(小雅)를 가리킨다.

약관도 되기 전에 엉겨 맺힌 모습이 어느새 저절로 대유(大儒)였다. 자신이 쓴 시나 문장 필적을 사람들이 외고 집 안에 걸어 두는 것은 언침이 본래 달가워하지 않았으니 어찌 거듭 안타까워할 만한 일이 아니리오. 아! 재주는 정녕 한 세상을 부릴 만한데 상사에서 꺾였고 뜻은 만고의 세월을 채우지 못했는데 짧은 목숨에 재촉을 당해 사람들로 하여금 그의 광채가 세상을 가득 채우는 성사를 보지 못하고 한갓 얼마 안 되는 짧은 시문 가운데에 그리움을 부치도록 했으니 어찌 조물주가 본디 생사여탈에 뜻을 두되 그 사이에 혹자는 오래 살게 하고 혹자는 일찍 죽게 하는 것을 헤아리지 못한 것이 아니겠는가.

언침은 아들 하나를 두었는데 유해(有海)라고 한다. 그는 행실을 닦고 배우기를 힘써 사람들은 언침이 죽지 않았다고들 했다. 하루는 손수 유고를 가지고 와서 내게 보여 주며 말하기를 "저는 채 품속을 벗어나기도 전에 선고를 여의었습니다. 선고의 유고는 세상에 전해지는 약간을 수습한 것으로 그것을 다시 잃어버릴까 두렵습니다. 판각에 새겨 두려고 이미 남창(南窓)[6]에게 부탁해 한 부 필사해 두었습

---

6) 남창(南窓) : 김현성[金玄成, 1542(중종 37)~1621(광해군 13)]의 호

니다. 공이 아니면 누구도 이 책에 서문을 쓸 수 없습니다. 감히 울면서 부탁드리오니 부디 선고의 유골이 썩지 않기를 원합니다"라고 했다. 아! 슬프다. 옛사람의 글에 '원빈(元賓)⁷⁾을 그리워하나 보지 못하니 그가 함께하던 이를 보기를 원빈 보듯 한다'라고 했으니 하물며 그 유고에 있어서랴. 돌아보건대 차마 쓸 수 있겠는가. 하지만 또한 차마 쓰지 않을 수도 없어서 마침내 양포유고의 서문을 짓는다. 언침은 이름이 전(澱)이요, 양포(楊浦)는 그의 호다. 만력 계축년(1613) 납월에 우인(友人) 월사(月沙) 이정귀(李廷龜)는 서

다. 조선 중기의 서화가로 자는 여경(餘慶), 호는 남창(南窓)이다. 1564년(명종 19) 식년문과에 병과로 급제했다. 관직은 교서관정자(教書館正字)와 봉상시주부(奉常寺主簿)·양주목사 등을 거쳐, 1617년에 동지돈녕부사(同知敦寧府事)에 이르렀다. 시·서·화에 두루 능했는데, 그림보다는 글씨에 뛰어났으며 특히 시에 능했다고 한다. 글씨는 조선 초에 유행했던 우아하고 균정한 모습을 지닌 송설체(松雪體)를 따랐다.

7) 원빈(元賓) : 당나라 때 한유(韓愈)의 벗이었던 이관(李觀)의 자(字)다. 덕종(德宗) 정원(貞元) 8년(792) 한유(韓愈)와 함께 우수한 성적으로 진사 시험에 합격했다. 다음 해 박학굉사과(博學宏詞科)에도 합격해 태자교서랑(太子校書郎)에 제수되었지만 불행하게도 29세로 요절했다. 한유와 쌍벽을 이룬다는 평을 들었다. 한유는 그가 요절하자 매우 안타까워하며 그리워했다고 한다.

하노라.

楊浦遺稿 序

嗚呼, 此吾亡友崔彦沈稿也. 彦沈在世二十二年, 其稿固自尠, 下世今二十五年, 失亡亦應多. 嗚呼, 宜其少矣. 抑何必多也. 其詩淸逸有韻, 天分自高, 有似丹穴鳳雛聲纔出吭, 已足驚人, 讀之, 往往風露爽然, 殆非煙火食人語也. 此所謂隨珠崑玉, 愈寡而愈珍, 亦何必多也. 使其小假以年, 則役服百家, 睥睨騷雅, 豈特張門戶樹旗幟而止哉. 惜矣惜矣.

嗚呼, 彦沈, 豈獨詩乎. 丰姿德器, 嶽秀淵停, 峻節霜寒, 和氣春溫, 至今使人森然在眼中. 蓋賦質旣粹美, 而早從栗谷先生學, 飭躬刻志, 從事實踐, 未弱冠, 凝凝已自大儒. 若詩章筆蹟, 人誦而家揭, 則彦沈固不屑也, 豈非重可惜也. 嗚呼, 才足駕一世而屈於上舍, 志不滿萬古而促於短途, 使人未見其光輝充實之盛, 而徒寓想於寂寥短篇之中, 豈造物者故有意於予奪, 而不較脩短於其間耶.

彦沈有一子曰有海. 砥行力學, 人謂彦沈不亡. 一日手遺稿示之曰, 小子未免懷而失先子, 先子遺稿, 拾聞於流傳者若干, 恐其又失也. 圖所以剞劂之, 已倩南窓筆寫一通. 非公莫可序此卷. 敢泣而請, 庶死骨不朽. 嗚呼, 古人云思元賓不見, 見所與如元賓. 況其遺稿乎. 顧忍書哉, 而亦不忍不書, 遂書爲楊浦遺稿序. 彦沈名澱, 楊浦其號. 萬曆癸丑臘月, 友人月沙李廷龜序.

양포최씨시 서

신흠(申欽)8)

 아, 슬프다! 이것은 양포 최씨의 시다. 그의 종손 호부 원외랑 유해 씨가 장차 판각해 세상에 전하려 하기에 최씨의 벗인 동양 신흠이 서문을 지어 그 책의 앞에 붙이면서 다음과 같이 말한다. 최씨의 무덤에는 백사 이상국이 일찍이 묘갈명을 지었다.9) 최씨의 행위와 사적은 진실로 해와 별처럼 저 하늘에 걸려 있다. 그러나 그 남은 빛으로 이택(麗澤)10)

---

8) 신흠[申欽, 1566(명종 21)~1628(인조 6)] : 자는 경숙(敬叔)이고 호는 상촌(象村) · 현옹(玄翁) · 현헌(玄軒) · 방옹(放翁)이다. 선조의 유교칠신 중 한 사람이며 정주학자로 유명하다. 저서에 ≪상촌집≫이 있다.
9) 백사 이상국이… 지었다 : 1610년에 백사 이항복이 지은 <양포 묘갈명(楊浦墓碣銘)>이 양포유고 부록에 실려 있다.
10) 이택(麗澤) : 벗 간에 서로 절차탁마(切磋琢磨)해 학문을 강습하는 것을 말한다. ≪주역(周易)≫ <태괘(兌卦)>에, "두 못이 서로 붙어 있는 것이 태괘이니, 군자는 이것으로 붕우 간에 강습한다(麗澤兌 君子以朋友講習)"라고 했다.

사이에서 빛나던 일들은 내가 그래도 거론할 수 있겠다. 지난 만력 을유년(1585)에 나는 최씨와 함께 진사에 올라 나란히 태학[11]에 들어갔는데 최전은 나이 18세요, 나는 그보다 두 살 많았으니 모두 젊었다. 지향도 같고 학술도 같아서 눈으로 보되 어느 것도 거스르는 일이 없었다.

그는 반듯하며 법도가 있고 정성스럽게 공경했다. 깊어라, 거듭 솟아남이여. 드넓어라, 티 하나 없네. 봉황이 춤을 추고 학이 서 있으며 구슬이 밝고 옥이 빛나도다. 재주는 용모에 넘치되 덕으로써 간직했고 명성은 세상에 흐르되 담박함으로 부여잡았다. 옛사람에게서 찾는다면 아마도 황숙도[12], 위숙보[13]가 그 사람이리라. 그가 배운 곳이 어디인가

---

11) 태학 : 원문은 '주상(冑庠)'이다. 주(冑)는 천자(天子) 이하 경대부(卿大夫)의 적장자(嫡長子)로, 전(轉)해서 국자학생(國子學生)을 말하고, 상(庠)은 학교를 뜻한다. 따라서 주상은 국학(國學) 또는 태학(太學)을 말한다.
12) 황숙도(黃叔度) : 숙도는 후한(後漢) 황헌(黃憲)의 자다. 학행(學行)으로 한 시대의 추중을 받았으며, 진번(陳蕃)은 그를 두고, "얼마간 황생(黃生)을 보지 않으면 야비하고 인색한 마음이 다시 싹튼다"라고 했다.
13) 위숙보(衛叔寶) : 숙보는 진(晉) 위개(衛玠)의 자다. 어려서부터 풍신이 청수해 주위에서 옥인(玉人)이라고 했으며 현묘한 이론을 좋아하

하면 스승에게 나아가되 율곡 이 선생의 문하에서 노닐었고 은미한 말을 홀로 깨닫고 묵묵히 알아 거의 녹여내었으되 자부하진 않았고 허전해하며 자신이 지니고 있지 않은 듯했다. 그래서 세상엔 누구도 최씨가 있는지 알지 못하고 그 최씨 됨을 알 수도 없었다. 말을 내어서 시편을 지은 것은 우담바라 꽃[14]이 저 혼자 떨어지는 것이요, 휘갈겨 행초를 쓴 것은 장욱[15]의 신취이며, 장난스럽게 단청을 지은 것은 초생(肖生)[16]의 삼매경(三昧境)[17]이요, 연주해 율려(律呂)를 이

고 언론이 유창해 당시 명사(名士)로서 제일로 쳤다.
14) 우담바라 꽃 : 원문은 '담화(曇花)'다. 불교의 경전에는 우담바라가 3000년에 한 번씩 피어나는 꽃으로, 석가여래나 지혜의 왕 전륜성왕(轉輪聖王)과 함께 나타난다고 적고 있다. 따라서 우담바라는 흔히 '부처님을 의미하는 상상의 꽃'이라 해서 상서로운 징조로 받아들여 왔으며, 아주 드문 일을 비유하기도 한다.
15) 장욱 : 원문은 '취전(醉顚)'이다. 당(唐)나라 장욱(張旭)을 말한다. 자는 백고(伯高)이며 초서(草書)를 잘 써서 '초성(草聖)'이라 불렸다. 술을 몹시 좋아해 취흥이 오르면 필묵을 잡았으며, 때로는 머리채를 먹물에 적셔서 글씨를 쓰기도 했으므로 세상 사람들이 그를 일러 '장 미치광이[張顚]'라고 했다.
16) 초생(肖生) : 인명인 듯하나 미상(未詳)이다.
17) 삼매경(三昧境) : 불교 수행의 방법으로 한 가지에만 마음을 집중하는 일심불란(一心不亂)의 경지다.

룬 것은 사양(師襄)18)의 남긴 뜻이다. 용모를 닦는 이는 그 위의를 잃고 기예만 고집하는 자는 그 공교로움이 꺾인다. 그의 품부는 갖추어졌으되 안으로 갈무리했고 그의 통서는 근본을 잡아 말류로 흐르지 않았다.

신을 벗어 던지고 멀리 떠나 매미처럼 더러운 때를 벗고는 풍악산 골짜기로 들어가 두루 그윽한 곳을 찾으니 가부좌19)를 틀고 증각(證覺)20)하던 무리가 옷소매를 잡아끌어 뒤따르며 다들 말하기를 도연명·육수정21)이 다시 세상에

---

18) 사양(師襄) : 춘추(春秋) 시기 노(魯)나라[일설에는 위(衛)나라]에서 음악을 담당하던 관리로, 경쇠[磬] 연주에 뛰어나서 '경양(磬襄)'이라고도 부른다. 그는 또 금(琴) 연주에도 뛰어나서 공자가 그에게 금(琴)을 배웠다고도 알려져 있다.
19) 가부좌 : 원문은 '결가(結跏)'로 결가부좌(結跏趺坐)를 말한다. 석가모니의 좌법에서 유래했다.
20) 증각(證覺) : 불법을 증명해 얻어 진리를 깨닫는 것을 이른다.
21) 도연명(陶淵明)·육수정(陸脩靜) : 도연명(365~427)은 중국 동진(東晉) 말기부터 남조(南朝) 송대(宋代) 초기의 대표 시인 도잠으로 자(字)는 연명 또는 원량(元亮)이다. 전원생활을 동경해 41세 때에 누이의 죽음을 구실 삼아 관직을 사임하고 향리의 전원에 퇴거해 스스로 괭이를 들고 농경 생활을 영위했다. 육수정(406~477)은 남조 송나라 오흥(吳興) 동천(東遷) 사람으로, 자는 원덕(元德)이다. 항상 도술(道術)을 그리워해 처자(妻子)를 버리고 운몽산(雲夢山)에 은거한 채 수도하

태어났다고들 했다. 그리하여 그가 경치를 만날 때면 흥을 읊조렸는데 세상에 전해진 것이 맑고 시원하지 않은 것이 없어 마치 낭풍(閬風)과 현포(玄圃)22) 사이에서 온 듯했다. 이를 들은 자들은 흠모하며 외우고는 '천선(天仙)'이라고 일컬었다.

그가 돌아옴에 미치어서는 더욱 먼지 낀 세상을 싫어해서 매양 봄이 찾아와 날이 따뜻해지고 가을이 되어 서늘해지면 나귀 한 마리 타고 동자 하나 뒤딸려서 되는 대로 멀거나 가까운 수석(水石)에서 노닐다가 날이 차도록 돌아올 줄을 잊었다. 늘 용문산(龍門山)23) 수종사(水鍾寺)24)의 승경을 자기가 살 곳이라고 여겼고 무우(舞雩)에서 바람을 쐬고 기수에서 목욕하는 것25)을 즐겁게 여겼으니 곧 옛 성현과

면서 도교 경전을 연구했다.
22) 낭풍(閬風)과 현포(玄圃) : 낭풍은 곤륜산 꼭대기의 신선이 산다는 곳이고 현포는 낭포의 다른 이름으로, 곧 신선 세계를 뜻한다.
23) 용문산(龍門山) : 경기도(京畿道) 양평군 용문면(龍門面)과 옥천면(玉泉面) 경계에 있는 산이다.
24) 수종사(水鍾寺) : 경기도 양주시(楊洲市)에 있던 절이다. 조선(朝鮮) 시대 세조(世祖)가 지었으며 현재는 탑만 남아 있다.
25) 무우(舞雩)에서… 목욕하는 것 : ≪논어≫ <선진> 편에서 공자가 제자들에게 각자의 뜻을 묻자 증점(曾點)이 이렇게 말했다. "늦봄에 봄

그 귀결을 함께했던 것이다. 가끔 문득 종남산[26] 아래로 나를 찾아와서 맑은 이야기로 하루를 보내는데 명리(名理)가 모두 갖추어졌고 뜻은 얻고 형체는 잊었으니 천고에 한 번 있을까 말까 한 자리로 흥취가 나아간 바가 극진해서 사람마다 엿볼 수 있는 것도 아니요, 사람마다 알 수 있는 것도 아니었다.

이때에 나에게는 오직 최씨뿐이요, 최씨에겐 오직 나뿐이었다. 저마다 다행스럽게도 이 세상을 만나 서로를 얻었던 것이다. 얼마 안 있어 나와 최씨가 모두 못된 병에 걸렸고 서로 보지 못한 지 반년이거든 최씨는 끝내 일어나지 못했다. 바로 기축년(1589)이다. 나는 이미 병중이라 달려가 곡을 할 수 없어서 오직 글을 지어 조문(弔文)하며 최씨의 삶을 대략 기록했지만 그 글을 전쟁 통에 잃어버렸다. 어찌 차마 말할 수 있으랴. 최씨에게 나이가 더 주어졌다면 나날이

옷이 이루어지고 나면 어른 대여섯과 아이 예닐곱과 함께 기수에서 목욕하고, 무우에서 바람 쐬고, 시를 읊으며 돌아오겠습니다(莫春者, 春服旣成, 冠者五六人, 童子六七人, 浴乎沂, 風乎舞雩, 詠而歸)."
26) 종남산(終南山): 현재 서울특별시 중구와 용산구 경계에 있는 남산을 가리킨다. 남산은 목멱산(木覓山)·종남산(終南山)·인경산(仁慶山 또는 引慶山)·열경산(列慶山)·마뫼 등으로 불렸다.

새로워져 풍요롭고 대업을 추구해 현달하되 세상을 돕고 자신을 지키되 말을 닦았으니 누구라도 그만 못했을 것이거늘 장구한 계책은 짧은 목숨에 꺾이고 높은 재주는 세상의 운명에 막혔으니 천도는 과연 어디에 있던가.

최씨가 죽은 뒤 이제 33번 제사를 지냈다. 나는 곧 거의 죽을 듯한 쓸모없는 사람이 되어 덫에 공격을 당했으니[27] 구천에서 최씨가 살아난다면 어찌 나의 최씨에게 부끄럽지 않겠는가. 원외랑(최유해)은 최씨가 세상을 떠나기 바로 전해에 태어났다. 아버지를 여의고 함께해 줄 이도 없었는데 힘을 다 쏟아 깊이 배우고 행실도 뛰어났다. 선친의 아름다움을 뒤좇아 드날리고 뿌리내려 썩히지 않았으니 자식이라고 이를 만하다. 섶을 태워 불길을 전하듯 기운이 길이 남아 있으니 아름다운 바탕이 비록 드러나지 않았더라도 신령한 자취는 사라지지 않을손, 시문(詩文)일진저. 그 사람은 이미 나보다 뒷사람이라 혹여 또한 아침저녁 사이에 알아주는 자

---

27) 나는… 당했으니 : 신흠은 1613년 계축화옥이 일어나자 유교칠신(遺敎七臣)의 한 사람이라는 이유로 연루되어 파직되었다. 1616년 인목대비(仁穆大妃)의 폐비 및 이와 관련된 김제남(金悌男)에의 가죄(加罪 : 죄를 더함)와 함께 다시 논죄된 뒤 춘천에 유배되었으며 1621년에 사면되었다.

가 있으리라. 이에 탄식할 만하지만 그렇다고 굳이 탄식할 것도 아니로다. 천계(天啓)[28] 원년 신유(1621, 광해군 13) 청명(淸明)에 동양 신흠 쓰다.

楊浦崔子詩 叙

嗚呼. 此楊浦崔子之詩. 嗣胤戶部員外郎有海氏, 將剞劂而行之世, 其友東陽申欽, 叙述而弁其卷曰. 崔子之坎, 白沙李相國嘗銘之矣. 崔子之行與事, 固日星揭也. 然其餘光膡彩之在麗澤閒者, 欽尙能擧之矣. 盖萬曆乙酉歲, 欽同崔子進士齒冑庠云, 崔子年十八, 欽長崔子二歲俱少也. 同方矣, 同術矣, 目擊而莫逆矣.

穆穆然而度也, 肫肫然而靖也. 淵乎其愈出也, 曠乎其不滓也. 鳳蹌而鶴立也, 珠明而玉潤也. 才溢於貌而德以葆之, 聲溢於世而沖以持之. 求之於古, 庶幾哉黃叔度, 衛叔寶其人也已. 叩其所從學, 則纔就傅而游於栗谷李先生之門矣. 微言獨契, 嘿識幾融而不自居也. 欿乎若無有者. 故世莫不知有崔子, 而莫能知其爲崔子焉. 發以爲詩篇者, 曇花之自雨也, 散以爲行帅者, 醉顚之神趣也, 戲以爲丹靑者, 骨生之三昧也, 演以爲律呂者, 師襄之遺指也. 脩容者失其儀, 企蹤者迷其轍, 軌文者喪其華, 執藝者詘其巧, 其禀也備而歛之於中, 其統也

---

28) 천계(天啓) : 중국 명(明)나라 희종(熹宗) 대의 연호(年號)로 1621~1627년에 사용되었다.

宗而不流於歧.

脫屣遝舉, 蟬蛻濁穢, 入楓嶽洞天, 遍探幽邃, 結跏證覺之徒, 掎袂以趨, 咸謂淵明脩靜復出於世, 而值境賦興, 流落人寰者, 靡不爽朗, 若自閬風玄圃間來也. 聞者豓誦, 稱以天仙.

及其返也. 益厭塵坌, 每春暎秋涼, 策一衛隨一僮, 放游遠郊水石彌日忘還, 恒爾龍門水鍾之勝, 以爲棲息地, 風雩浴沂之樂, 直與昔賢同其歸也. 間輒訪欽於終南山下, 清言終晷, 名理畢該, 意得形忘, 千古一席, 趣造所極, 有非人人可窺, 亦非人人可知.

方是甞也. 欽唯崔子, 崔子唯欽, 各幸其當吾世而得之也. 無何, 欽暨崔子皆罹痼疾, 不相見半歲, 崔子竟不起, 卽己丑歲也. 欽旣病, 不克奔哭, 唯操文誄之, 粗記子生平, 而文亡於兵火矣. 其忍言哉. 崔子而年則日新富有, 大業斯究, 達而輔世, 約而修辭誰之不如, 而長算局於短造, 高才限於世運, 天道果安在哉.

崔子歿, 今三十有三禩矣. 欽迺爲幾死之散人, 掊擊於機辟, 九原可作, 其寧不怩怩於吾崔子乎. 員外君, 生於崔子云亡之前歲, 孤矣未有與並, 而酒力殫淵學, 標擧穎拔, 追揚先美, 樹之不朽, 可謂曰子矣. 薪盡火傳, 一氣長存, 華質雖潛, 靈蹟不泯, 詩文也哉. 其人也已後乎欽者, 倘復有朝暮遇者乎. 玆其可慨, 又不必慨者. 天啓辛酉清明東陽申欽書.

제문(祭文)

오 수사에 대한 제문

공의 나이 17세에 지었다. 수사의 이름은 운(沄)이고, 자는 운지이며 공의 자부(姊夫)다.

만력(萬曆) 12년(1584) 세차(歲次) 갑신(甲申) 4월 정미삭(丁未朔) 23일 기사(己巳)에 해주(海州) 최전이 삼가 술과 과일, 포와 고기젓을 오 형 전에 올립니다. 공은 높은 산의 기상과 넓은 바다의 정기로 밝은 세상에 내려와 이른 나이에 명성을 떨쳐 환하게 비추기가 태양과 같고 세차게 매섭기가 가을 서리 같으며 기린처럼 뜻은 고원하고 난초와 계수나무처럼 향기가 많았지요.

공의 밝음이여, 진실로 나라의 인재거늘 그때에 무인이 되어 마을에서 착한 명성이 있었지요. 회음 고을에는 빨래하는 어미가 성벽 아래 있었고[29] 글은 이름을 기록할 만하

---

29) 회음 고을… 아래 있었고 : 한(漢)나라의 무장 한신(韓信)이 어려서 매우 가난해 굶주렸을 적에 회음성(淮陰城) 아래 강가에서 빨래하던 여인에게서 밥을 얻어먹었는데 훗날 그가 초왕(楚王)이 되어 금의환향하면서 예전에 자신에게 밥을 주었던 여인에게 천금으로 은혜를 갚았다는 고사가 있다.

되 만인을 상대했으며[30] 청평검을 한 번 팔매 아름다운 봉황이 비로소 빼어나고[31] 고요(皐陶)처럼 옥사를 다스리고 양호(羊祜)[32]처럼 군대를 다루었지요. 어진 바람을 일으키고 훌륭한 덕을 세워서 마을에선 오고가(五袴歌)[33]를 부르

---

30) 글은… 상대했으며 : 초나라 항우(項羽)가 젊었을 적에 글과 검술을 배워도 능하지 못하자 숙부인 항량(項梁)이 노여워하니, "글은 성명을 기록할 줄만 알면 충분하고, 검은 한 사람만을 상대하는 것이니 배울 가치가 없다. 나는 만인을 상대하는 법을 배우고 싶다(書足以記名姓而已 劍一人敵 不足學 學萬人敵)"라고 말하고는 병법을 배웠다는 고사가 있다.

31) 청평검을… 빼어나고 : 청평(青萍)은 전국 시대 월(越)나라 왕 구천(句踐)의 명검(名劍)으로, 설촉(薛燭)의 감정을 받고서야 그것이 명검임을 알게 되었다 한다. 비유해서 군영(軍營)에서 인정받게 됨을 뜻한다.

32) 양호(羊祜, 221~278) : 원문에는 자인 '숙자(叔子)'로 표기했다. 위(魏)나라의 명장이다. 지략이 뛰어난 장수로 사마소에게 두터운 신임을 받았다. 인의로써 군대를 다스려 군사들에게 깊은 존경을 받았다. 오의 명장 육항이 오주 손호에게 쫓겨나자 오를 치도록 권했으나, 대신들의 반대로 뜻을 이루지 못하고 물러났다.

33) 오고가(五袴歌) : 백성이 어진 정사에 감복해 부르는 송가(頌歌)를 말한다. 후한(後漢)의 염범(廉范)이 촉군 태수(蜀郡太守)로 나가 불편한 법령을 없애는 등 민생(民生) 위주의 정사를 펼치자, 백성이 노래하기를 "염숙도여 어찌 이리 늦게 왔는가. 평생에 속옷도 입지 못했는데

고 고을에서는 백벽(百甓)을 옮겼네요. 지어미가 한결같이 받들고 형제들이 이에 의탁하니[34] 봄바람이 버들 포구에 불어오고 가을 달이 맑은 물결에 비치네요. 투명한 물고기를 저녁에 잡고 소금(素琴)[35]을 새벽에 튕기며 노래하고 술 먹으며 그럭저럭 즐겁게 지내고 시를 짓고 얘기하며 날을 보냈지요.

호인(胡人)의 먼지[36]에 문득 놀라 북쪽의 말들 다리를 들고 울며 봉화가 멎지 않으니 전갈의 독을 뉘라서 없애리오. 공이 아니면 할 수 있는 이가 없어 성군께서 이에 바퀴통을 밀었지요.[37] 창과 방패로 마침내 토벌해 천 리 불모지에

지금은 바지가 다섯 벌이나 되는구나(廉叔度 來何暮 平生無襦 今五袴)"라고 한 고사가 전해 온다.
[34] 형제들이 이에 의탁하니 : 원문의 '척령(鶺鴒)'은 할미새를 말하는데 형제간에 의가 좋은 새다. 척령자탁(鶺鴒玆托)은 형제간에 서로 도움을 비유한다.
[35] 소금(素琴) : 장식하지 않은 금을 말한다. 대상(大喪)을 지낸 날에 소금(素琴)을 탄다.
[36] 호인(胡人)의 먼지 : 호인(胡人)의 병마가 일으킨 모래 먼지를 말하는 것으로, 호병(胡兵)의 흉악한 기염을 뜻한다.
[37] 성군께서… 밀었지요 : 옛날에 제왕이 장수를 파견할 때에 바퀴통을 밀어 주면서 "곤내(閫內)는 과인이 제어할 테니 곤외(閫外)의 일은 그대가 제어하라"고 하며 전권(全權)을 위임했던 것을 말한다.

산 모양으로 쌀을 모아 놓고 마원(馬援)이 흥기했고[38] 한기(寒氣)가 오랑캐의 간담에 이니 염범(廉范)[39]이 섰도다. 수양(睢陽)의 원로들이 뒷날 헤아려 도와 넓혔거늘 작은 티끌이 옥에 흠집 내어 마돈(馬敦)처럼 형구를 썼네요. 왕은 알지 못하십니까. 가의(賈誼)[40]가 장사에 버려진 것을. 그대를 남포에서 보내노라니 마음이 아파 어찌할까나.[41]

---

[38] 마원(馬援)이 흥기했고 : 마원은 중국 후한(後漢)의 장군으로 태중대부(太中大夫), 농서태수(隴西太守)를 지내며 외족을 토벌했다. 후에 복파장군(伏波將軍)에 임명되어 교지(交趾 : 북베트남) 지방의 반란을 평정해 신식후(新息侯)가 되었는데 마원(馬援)이 어전(御前)에서 쌀을 가지고 산곡(山谷)의 모양을 만들고는 작전 계획을 설명했다는 고사가 있다.

[39] 염범(廉范) : 주34)의 염범과 동일 인물이다. 촉군태수(蜀郡太守)였던 염범이 흉노가 쳐들어왔을 때 어둠 속에서 횃불을 곳곳에 높이 매달아 흉노로 하여금 한군(漢軍)의 구원군이 당도했다고 여기게 해서 물리쳤다는 일화가 있다.

[40] 가의(賈誼) : 전한 하남(河南) 낙양(洛陽) 사람으로 어렸을 때부터 문장이 뛰어나 20세에 한(漢) 문제(文帝)에게 발탁되어, 박사(博士)가 된 뒤에 중산대부(中散大夫)가 되었다. 그러나 조정의 권력자들에게 배척당해 장사왕(長沙王) 태부(太傅)로 좌천되었다가 33세의 젊은 나이로 양(梁)에서 요절했다.

[41] 그대를… 어찌할까나 : 강엄(江淹)의 <별부(別賦)>에 "그대를 남포에서 보내니 상심을 어이할꼬(送君南浦 傷如之何)"라고 했는데, 이

서쪽으로 떠나되 책 상자 짊어지고 칼 하나에 천마산으로 들어가니 하늘 끝에 서로 떨어져 3개월간 소식 없었네요. 못가에 풀은 푸르고 비바람 외로이 읊조리더니 운명인 듯합니다. 이 사람이여. 이런 병에 걸리다니.[42] 나이가 채 이순도 못 되는데 훌쩍 세상을 떠나니 아아, 슬픕니다. 금계(金雞)[43]가 아직 울지 않았는데 백학이 벌써 조문하는군요. 팥배나무 그늘[44] 아래 머물지 못하고 하늘의 뜻도 야박할사 동야(東野)[45]가 떠돌다 죽으니 바다는 넓고 산은 크며 양양

후로 남포는 이별하는 곳의 대명사로 쓰였다.
42) 이런 병에 걸리다니 : 백우가 병에 걸리자 공자가 병문안을 가서 "(이런 병에 걸릴 까닭이) 없을 텐데, 아마 운명인가 보다. 이런 어진 사람도 이런 병에 걸리다니(伯牛有疾, 子問之, 自牖執其手, 曰 : "亡之, 命矣夫! 斯人也而有斯疾也! 斯人也而有斯疾也!)"라고 말한 내용이 ≪논어≫ <옹야(雍也)>에 보인다.
43) 금계(金鷄) : 천상(天上)에 있다는 전설의 닭으로, 새벽이 올 때 이 닭이 울면 인간 세상의 닭들이 따라서 운다고 한다.
44) 팥배나무 그늘 : 정사를 행하는 관소(官所)를 뜻한다. 주(周)나라 소공(召公)이 감당나무 아래에서 결옥(決獄)하며 정사를 행했던 고사에서 유래한 것이다.
45) 동야(東野, 751 ~ 814) : 중국 중당기(中唐期)의 시인인 맹교(孟郊)를 가리킨다. 동야는 그의 자다. 46세가 되어서야 겨우 진사(進士) 시험에 합격해 각지의 변변찮은 관직들을 맡아 보았는데 가정적으로

(襄陽)46)이 장차 죽을 때 남녀가 주위에서 상심합니다. 상여가 동쪽으로 가자 선조의 선영 옆이라. 초빈(草殯)에 예를 소홀히 하지 않고 염도 때맞추어 했습니다. 아아. 공이 떠났으니 맹광47)은 어디에 의지하겠습니까. 뜨락엔 자식의 대답도 없고48) 슬하엔 노래자(老萊子)의 옷49)도 없군요. 공을

도 불우해 빈곤 속에서 죽었다. 한유(韓愈)와 가까이 지냈으며 그의 복고주의(復古主義)에 동조해 작품도 악부(樂府)나 고시(古詩)가 많았는데, 외면적인 고풍(古風) 속에 예리하고 창의적 감정과 사상이 담겨있다. 북송(北宋)의 강서파(江西派)에 영향을 끼쳤다. ≪맹동야 시집(孟東野詩集)≫ 10권이 있다.
46) 양양(襄陽, 625 ~ 706) : 중국 당(唐)의 정치가인 장간지(張柬之)를 가리킨다. 자(字)는 맹장(孟將)으로, 양주(襄州) 양양(襄陽) 출신이라 장양양(張襄陽)이라고도 불린다. 705년 정변을 일으켜 측천무후를 퇴위시키고 중종(中宗)을 복위시켜 당(唐)의 국호를 회복했다. 그후 공(功)을 인정받아 한양군왕(漢陽郡王)으로 봉(封)해졌지만 실권을 장악한 위황후(韋皇后)가 이른바 '오왕(五王)'이라 불리는 장간지(張柬之), 환언범(桓彦範), 최현위(崔玄暐), 경휘(敬暉), 원서기(袁恕己) 등을 견제했고, 결국 이들은 모두 밖으로 내몰렸다. 장간지(張柬之)도 중양주자사(襄州刺史)로 임명되어 양주(襄州)로 내몰렸고, 706년에는 신주사마(新州司馬)로 좌천되어 울분 속에서 죽었다.
47) 맹광(孟光) : 동한(東漢)의 은사(隱士) 양홍(梁鴻)의 처의 이름으로, 어진 아내를 비유할 때 쓰는 말이다[≪후한서(後漢書)≫ <일민전(逸民傳) · 양홍(梁鴻)>].

위해 통곡하지 않으면 누굴 위해 하리오. 슬프다. 어짊도 있고 덕성도 있거늘 수를 누리지도 못하고 복도 받지 못했습니다. 의젓할사 그대 모습 내 마음과 눈에 또렷해라. 새벽녘 상여가 동틀 무렵 떠나니 떠나는 그대 어이 따라가겠습니까. 이 제사 진심이오니 그대도 기꺼이 찾아오십시오.[50] 아! 서러워라. 상향(尙饗).

祭吳水使文

公年十七歲作. 水使名沄, 字泛之, 公之姊夫也.

維萬曆十二年歲次甲申四月丁未朔二十三日己巳, 海州崔澱, 謹以酒果脯醯, 敬奠于吳兄之靈. 惟公, 崇嶽氣度, 湖海精英, 明時以降, 早歲飛聲, 明貫白日, 猛烈秋霜, 麟騏志遠, 蘭桂多芳, 惟公粲兮, 實邦之彦, 時焉且武, 巷有叔也. 淮陰里中,

---

48) 뜨락엔… 없고 : 공자가 뜰에서 아들인 공리(孔鯉)에게 ≪시경≫을 읽었느냐고 물었는데 아직 읽지 못했다고 대답한 내용이 ≪논어≫ <이씨(李氏)>에 보인다.
49) 노래자(老萊子)의 옷 : 노래자는 초(楚)나라의 현인이며 효자로, 70세에 색동옷을 입고 어린아이 흉내를 내 어버이를 즐겁게 해 드렸다는 고사가 있다.
50) 찾아오십시오 : 원문은 '내격(來格)'으로, 제사 지낼 때에 귀신이 이르는 것을 말한다.

漂母城下, 書足記名, 萬人惟敵, 青萍(萍)一售, 彩鳳初逸, 皋公囹圄, 叔子行伍, 仁風以扇, 盛德以樹, 村歌五袴, 府運百甓. 箕帚一奉, 鶬鴒玆托, 春風楊浦, 秋月滄浪. 冰鱗夕探, 素琴晨張, 惟歌惟酌, 聊作好樂, 爰賦爰談, 且以永日.

胡塵忽驚, 朔馬驕鳴, 狼烟不息, 蠱毒誰滅, 非公莫可, 聖乃推轂, 干戈聿征, 不毛千里, 山分聚米, 馬子是起, 寒生虜膽, 范也爰立, 睢陽師老, 後稽援灈. 微塵疵玉, 馬敦三木, 王無識何, 賈投長沙, 送君南浦, 傷如之何.

西遊負笈, 一劒天磨, 天涯相隔, 三月無音. 池塘青草, 風雨孤吟, 命矣斯人, 而有斯疾, 年未耳順, 忽焉而絶, 嗚呼哀哉. 金雞未降, 白鶴已吊. 棠陰不留, 天德無厚, 東野旅沒, 海瀾山長. 襄陽將死, 士女邊傷, 神駕乃東, 祖曾塋側. 殯不簡禮, 斂以時襲. 惟公已矣, 孟光何依. 庭無鯉對, 膝無萊衣, 非公爲慟, 而慟爲誰. 嗚呼, 有仁有德, 不壽不福. 棣棣儀形, 耿耿心目. 晨車明發, 逝矣何及. 一器誠赤, 尙肯來格, 嗚呼哀哉尙饗.

시(詩)

남간[51]에 부친 시

공의 나이 17세에 승보할 때 지은 것이다. 당시 월정 윤근수 공이 대사성이었는데 크게 칭찬하며 마침내 망년우가 되었다.

강남 어느 저녁 가을바람 일고
벽오동 찬비 내리니 처량하게 우는구나.
은거하는 이 절로 생각 많아
지는 해에 지팡이를 짚고 가네.
지팡이를 짚고 남쪽 계곡으로 들어서니
푸른 풀 차가운 이내[52] 속에서 계곡을 헤매노라.
남은 노을 열린 곳에 돌샘이 울고
댓잎에 맺힌 이슬 떨어질 때 숨은 새 지저귀네.
문장은 지난날의 금란전[53]에 있으니

---

51) 남간(南澗) : 양지바른 곳에 졸졸 흐르는 개울을 가리키는 말이다.
52) 이내 : 원문은 '한연(寒烟)'으로, 해 질 무렵 멀리 보이는 푸르스름하고 흐릿한 기운을 말한다.
53) 금란전(金鑾殿) : 당나라 때 문인 학사들이 거처하던 곳으로 현종(玄宗)이 이백을 불러 중용했다. 이백의 시 <증종제남평태수지요(贈從弟南平太守之遙)>에 "성은을 입어 처음 은대문으로 들어와, 홀로

덧없는 인생 동(東)으로 갈지 서(西)로 갈지 어찌 알겠는가.

청운(靑雲)54)의 뜻은 이제 말머리에 뿔이 나는 것55)과 같이 되었으니

고개 너머 나그네의 넋은 속절없이 더욱 서글퍼라.

장안의 꿈에서 깨니 초나라 하늘이 푸르고

동정호56) 구름 걷히자 외로운 기러기 운다.

신57) 신고 지나온 푸른 이끼에 절로 자욱 찍히고

금란전에서 글을 짓네(承恩初入銀臺門 著書獨在金鑾殿)"라는 구절이 보인다.

54) 청운(靑雲) : 높은 이상(理想)이나 벼슬을 가리키는 말로 쓴다.

55) 말머리에 뿔이 나는 것 : 세상에 결코 일어날 수 없는 일을 가리키는 말로 쓴다[≪사기(史記)≫ <색은(索隱)>].

56) 동정호(洞庭湖) : 중국(中國)에서 가장 큰 호수로 지금의 중국 후난성(湖南省) 북부(北部)에 있는 둥팅후를 말한다. 양쯔 강(揚子江)의 흐름을 조절(調節)하는 구실을 하며 예로부터 많은 시인(詩人)들이 읊어 온 명승지(名勝地)다.

57) 신 : 원문은 '사극(謝屐)'이다. 사공극(謝公屐)의 준말로, 등산용 신발을 말한다. 남조(南朝) 송(宋)의 시인 사영운(謝靈運)이 명산을 유람할 적에 산을 오를 때에는 나막신[屐]의 앞굽을 떼어 버리고 산을 내려올 때에는 뒷굽을 떼어 걷기에 편리하도록 했다는 고사가 있다[≪송서(宋書)≫ 권67 <사영운 열전(謝靈運列傳)>].

도건(陶巾)[58] 쓴 센머리 시름겨워 떨궈지려 하네.

구름이며 물은 제 모양이라 모두 곱고 밝으니

품은 마음 휘파람 불며 노래하고 부족하나마 손수 글 짓노라.

장사 천 리에 외로운 신하 있는데

성군께서는 어느 때에 조서(詔書)를 내려 주실까?

題南澗詩

公年十七陞補所作. 時尹月汀根壽公爲大司成, 大加稱許, 遂爲忘年之交.

江南一夕生秋風	碧梧寒雨鳴淒淒
幽人自多思	落日扶靑藜
扶靑藜入南澗	綠草寒烟溪上迷
殘霞開處石泉鳴	竹露零時幽鳥啼
文章前日金鑾殿	豈知浮生東又西
靑雲今作馬生角	嶺外旅魂空轉悽
長安夢罷楚天碧	洞庭雲消孤鴈嘶

---

58) 도건(陶巾) : 도잠(陶潛)의 두건. 진(晉)나라 때 도잠(陶潛)이 술을 매우 좋아해 매번 술이 익으면 머리에 쓰고 있던 갈건(葛巾)을 벗어서 술을 걸러 마시곤 했던 데서 비롯한 말이다.

蒼苔謝屐自成痕　白首陶巾愁欲低
雲容水態共鮮明　嘯志歌懷聊自題
長沙千里孤臣在　聖主何時降紫泥

강동으로 돌아가는 공소보[59]를 보내다[60]

이내 속에 꽃 핀 3월 강남의 풍경이라
날 저문데 외로운 배 천 리를 돌아가네.
푸른 산 향긋한 풀에 절로 마음 아프고
저녁 이슬 방울방울 나그네 옷 적시네.
연꽃은 밝은 달빛 아래 정신 빼어나고
아름다운 옥은 스스로 형산의 빛을 머금었네.[61]

---

59) 공소보(孔巢父) : 공소보(?~784)는 당나라 기주(冀州) 사람으로, 자(字)는 약옹(弱翁)이다. 공자의 37대 손이며, 공여규(孔如圭)의 아들이고 공잠보(孔岑父)의 아우다.
60) 강동으로… 보내다 : 당나라 두보의 시 중에 <송공소보사병귀유강동겸정이백(送孔巢父謝病歸游江東兼呈李白)>이라는 작품이 있는데 두보가 공소보를 전송하기 위해 마련한 연회에 참석했다가 석별의 정을 느끼고 지은 것으로 후반부에는 아울러 이백에게 안부를 전해 줄 것을 당부하는 말을 덧붙이고 있다. 원문은 다음과 같다. "巢父掉頭不肯住, 東將入海隨煙霧. 詩卷長流天地間, 釣竿欲拂珊瑚樹. 深山大澤龍蛇遠, 春寒野陰風景暮. 蓬萊織女回雲車, 指點虛無是征路. 自是君身有仙骨, 世人那得知其故. 惜君只欲苦死留, 富貴何如草頭露. 蔡侯靜者意有餘, 淸夜置酒臨前除. 罷琴惆悵月照席, 幾歲寄我空中書. 南尋禹穴見李白, 道甫問信今何如."

학창의62) 풀어 헤치고 한참을 죽계 가에 누웠더니
금63) 높고 맑은 소리 아는 이 드물어라.
연하의 옥동에서 이 저녁 보내나니
비바람 속 인간 세상 시비가 많구나.
어젯밤 꿈에 강가의 꽃이 강 마을을 비추더니
몇 가지에 꽃이 흐드러져 낚시터를 감추네.
돌아가고픈 마음 이날 동풍을 뒤쫓으니
아득할사 기러기 한 마리 진(秦) 땅 구름 속을 나누나.
푸른 노을 기이한 기운 이별의 수심 띠고
흰 구름 드높은 생각 어이 저리 연연하는가64).

---

61) 아름다운… 머금었네 : 중국 초(楚)나라 사람 변화가 형산(荊山)에서 옥을 발견해 여왕(厲王)에게 바쳤는데, 돌이라고 오해한 왕에 의해 왼발을 잘렸고, 이후 무왕(武王)에게 다시 옥을 바쳤다가 오른발을 잘리는 형벌을 받았다. 그 후 다시 문왕(文王)에게 바치자, 세공이 다듬어 천하에 둘도 없는 벽옥(璧玉)을 얻게 되었는데 이 옥을 화씨지벽(和氏之璧)이라고 한대≪한비자(韓非子)≫].

62) 학창의 : 웃옷의 한 가지로, 흰 빛깔의 창의에 소매가 넓고 가로로 돌아가며 검은 헝겊으로 넓게 꾸몄다.

63) 금 : 원문은 '녹기(綠綺)'로 녹기금(綠綺琴)의 준말이다. 한(漢)나라 사마상여(司馬相如)가 <옥여의부(玉如意賦)>을 지어 양왕(梁王)에게 바치자 양왕이 기뻐하며 녹기금이라는 금을 하사했다고 한다.

64) 연연하는가 : 원문은 '의의(依依)'로, 사모(思慕)하고 회념(懷念)하

바람 맞아 울음 그치니 별학조65) 소리 들려오는데
비단 돛 높이 거니 석양이 비치네.
청련거사66)를 만약 보시거든
어드메서 향긋한 고사리 캘 수 있나 묻게나.67)

送孔巢父歸江東

烟花三月江南景　日暮孤舟千里歸
青山芳草自傷心　夕露垂珠霑客衣
芙蓉明月精神秀　美玉自含荊山輝
披氅久卧竹溪邊　綠綺高絃知者稀
烟霞玉洞一夕辭　風雨人間多是非
昨夢江花照江國　幾枝繁英迷釣磯
歸心此日逐東風　杳杳一鴈秦雲飛
青霞奇氣帶離愁　白雲高思何依依

는 마음을 표현한 말이다.
65) 별학(別鶴)조 : 거문고 곡명으로, 이별을 노래한 곡이다.
66) 청련거사(青蓮居士) : 중국 당나라 시인 이백(李白)의 호다.
67) 어드메서… 묻게나 : 이백(李白)의 시 <월하독작(月下獨酌)> 중 제4수에 "곡식을 사절하고 수양산에 누웠고(辭粟臥首陽)"라는 구절이 있는데, 은(殷)나라 충신 백이(伯夷)와 숙제(叔齊)가 은나라를 멸망시킨 주나라의 곡식을 거절하고 수양산에 숨어 살면서 고사리를 캐어 먹다가 굶어 죽은 고사(故史)를 두고 말한 것이다.

臨風鳴罷別鶴聲　錦帆高掛斜陽暉
青蓮居士如相見　爲問何處採芳薇

삼언 오언 칠언68)

신풍69)의 술
용문70)의 오동
유인은 봄볕을 아뢰고
석실은 큰 소나무를 울리네.
봄볕이 이미 다해 푸른 물이 어지러운데
생학71)이 한 번 울며 푸른 하늘에 나타나네.

---

68) 삼언 오언 칠언(三五七言) : 3자(字)로 2구(句), 5자로 2구, 7자로 2구를 써서 한 편의 시를 짓는 것인데, 이백(李白)이 처음 지었다. 뒤에 당나라 유장경(劉長卿), 송나라 구준(寇準), 금(金)나라 조병문(趙秉文) 등이 이를 모방해 지은 시가 있다.
69) 신풍(新豐) : 예로부터 명주(名酒)가 나오는 곳인데, 왕유(王維)의 <소년행(少年行)>에 "신풍의 맛 좋은 술은 한 말에 십천(十千)인데, 함양의 유협들은 대부분이 소년이로세(新豐美酒斗十千 咸陽游俠多少年)"라고 한 구절이 있다.
70) 용문(龍門) : ≪칠발(七發)≫에 "용문의 오동나무는 높이가 백 척인데, 가지가 없어 고대의 유명한 악사인 사지(師摯)가 이를 베어 금을 만들었다(龍門之桐, 高百尺而無枝, 使琴摯斫斬以爲琴, 野繭之絲以爲絃)"라고 했다.
71) 생학(笙鶴) : 신선이 타고 다니는 학을 의미한다. ≪일주서(逸周

三五七言

新豐酒　　　　龍門桐
幽人奏陽春　　石室鳴長松
陽春已罷綠水亂　笙鶴一聲生碧空

書)≫에 따르면, 주 영왕(周靈王)의 태자(太子) 왕자교(王子喬)가 도사 부구공(浮丘公)을 따라 숭고산(嵩高山)에 올라가서 선술(仙術)을 배운 지 30여 년 뒤에 구지산(緱氏山)에서 생황을 불며 백학(白鶴)을 타고 승천했다는 고사가 있다.

황해도 관찰사[72] 윤두수[73]와 헤어지다

오음은 윤두수의 호다. 공의 나이 12세 때 율곡 선생에게 수업하러 연안을 지나다가 이 시를 주었다. 뒤에 율곡 선생과 여러 시인들이 보고서 크게 훌륭하다며 선시[選詩 : ≪문선(文選)≫에 올라 있는 시체(詩體)]의 묘리를 깊이 얻었다고 말했다.

아스라이 길은 서쪽으로 났고
바라볼사 산천은 트였어라.
지난날 이곳의 객이었는데
오늘 아침 이곳에서 작별하는구나.
거센 바람 내 가는 길에 불어오니
멀리 강호[74]의 기약을 삼노라.

---

72) 황해도 관찰사 : 원문은 '해고(海皐)'다.
73) 윤두수(尹斗壽, 1533~1601) : 호는 오음(梧陰)이고 자는 자앙(子仰)이다. 1590년 종계변무의 공으로 광국공신 2등에 책록되고, 건저 문제로 서인 정철이 화를 입자 이에 연루되어, 회령 등에 유배되기도 했다. 임진왜란이 일어나자 기용되어 선조를 호종해, 어영대장이 되고 우의정 · 좌의정에 올랐다.
74) 강호 : 원문은 '호해(湖海)'로, 사방의 객지(客地)를 가리킨다.

갈림길에서 다시 머리 돌리니
아득할시고. 내 마음 아파 오네.

別海皐倅梧陰

梧陰, 卽尹相斗壽之號也. 公年十二歲時. 以受業栗谷先生事過延
安. 贈此詩, 後栗谷先生及諸詩人見而大奇之. 以爲深得選詩之妙.

遙遙路向西　望望山川豁
宿昔此爲客　今朝此爲別
狂風吹我行　遠作湖海期
臨岐更回首　悠悠傷我思

늙은 말

공의 나이 8세에 지은 것이다. 당대에 두루 외우며 그를 신동이라 불렀다.

늙은 말 솔뿌리 베었더니
꿈결에 천 리를 다니누나.
가을바람에 낙엽 지는 소리 나더니
놀라 일어나자 저녁 해 뉘엿해라.

老馬

公年八歲所作. 一世傳誦, 稱以神童.

老馬枕松根　夢行千里路
秋風落葉聲　驚起斜陽暮

호연정에서

정자는 해주에 있다. 공의 나이 13세에 율곡 선생을 따라 이 정자에 올랐는데 율곡 선생이 시를 짓도록 명하자 공이 곧바로 대답했다. 방백 이해수(李海壽, 1536~1598)와 중봉 조헌(趙憲, 1544~1592)이 모두 크게 훌륭하다 했고 율곡 선생은 비록 성당시 안에 두더라도 또한 부끄러울 게 없다고 했다.

한껏 바라보려 높은 정자에 올랐더니
먼 하늘에 구름 봉우리 늘어서 있네.
유인은 옥퉁소를 희롱하고
창해는 가을 달을 낳았어라.

浩然亭

亭在海州. 公年十三, 從栗谷先生登此亭. 栗谷先生命製之. 公應口卽對. 方伯李公海壽趙重峯憲, 皆大奇之. 栗谷先生曰, 雖置盛唐詩中, 亦無愧也.

曠望登高亭　長空雲岫列
幽人弄玉簫　滄海生秋月

장선동에서 노닐다

장선동은 간성에 있다.

아스라할사[75] 신선의 고장이라
바람 불자 솔과 계수 향그럽네.
난새[76]는 떠나가 돌아오지 않고
벽해에 봄빛만 한창이어라.

遊藏仙洞

洞在杆城.

縹緲神仙府　天風松桂香
靑鸞去不返　碧海春茫茫

---

75) 아스라할사 : 원문은 '표묘(縹緲)'로, 멀고 희미한 모양을 말한다.
76) 난새 : 원문은 '청란(靑鸞)'이다. 고대 전설에 나오는 봉황새의 일종으로 신선이 타고 다녔다고 한다.

정토사에서

청솔이 소슬히 우는 백련산
불전의 단청이 안개 낀 숲 사이로 보이네.
꽃 시들어 땅에 져도 쓸어 내는 이 없고
그저 고승 하나 마주 보며 한가롭네.

淨土寺

靑松蕭瑟白蓮山　佛殿丹靑烟樹間
殘花落地無人掃　只有高僧相對閑

정정이77)가 청평산으로 놀러 가는 것을 보내다
정이는 정명호의 자다.

나 청평으로 가는 정 군을 보내노니
청평의 설경이 지금 좋을 때라네.
한 해가 저물어 돌아오게 되면
구경거리 수습해 내게 말해 주게나.

送鄭靜而遊淸平山

靜而, 卽鄭公明湖之字也.

我送鄭君之淸平 淸平雪景今應好
歲云暮矣歸來時 收拾奇觀爲我道

---

77) 정정이(鄭靜而) : 정명호[鄭明湖, 1559(명종 14)~1585(선조 18)]를 가리킨다. 본관은 광주(光州), 자는 정이(靜而)다. 1580년(선조 13) 알성문과에 병과로 급제해 승문원정자를 지냈으나 문과에 급제한 지 5년 후에 병으로 죽었다. 천문·지리·의약 등에 정통하고, 문장에도 밝았다. 사후 좌찬성에 추증되었다.

김양촌[78]과 헤어지다

봉래선자 양포에서 헤어지니
나귀 타고 강산으로 홀로 가는 사람이라.
좋은 때라 샛바람 부는 계절 되었으니
호숫가 매화가 가랑비에 젖는 봄이라오.

別金楊村

蓬萊仙子別楊浦　驢背江山獨去人
佳期趁得東風節　湖上梅花細雨春

---

78) 김양촌(金楊村) : 인명이나 미상(未詳)이다.

신광사에서 노닐다

양포는 한가한 사람이라 홀로 가는 것도 더디니
푸른 봉우리에 걸린 구름 그림자가 한의[79]를 건드리네.
수레 멈추고 아득히 먼 교외를 바라보니
황혼 녘에 인적 끊긴 다리[80]로 중 홀로 돌아가누나.

遊神光寺

楊浦閑人獨去遲　碧峯雲影惹寒衣
停車遙望遠郊外　日夕斷橋僧獨歸

---

79) 한의(寒衣) : 겨울에 추위를 막기 위해 입는 옷을 말한다.
80) 인적 끊긴 다리 : 원문은 '단교(斷橋)'로, 글자 그대로 보면 무너진 다리라는 뜻이나, 여기서는 인적이 끊긴 다리라는 의미로 해석했다.

영해감사가 운을 부르다

강가의 제비 처마로 날아들고 해는 뉘엿할 제
가을 물결 아스라이 바라보니 먼 데 돛이 많아라.
이에 강동으로 장한[81]이 떠나간 것 떠올려 보니
싱싱한 농어, 맛난 순채면 흥이 어떠하려나.

瀛海監呼韻

江燕飛簷白日斜　秋波遙看遠帆多
仍想江東張翰去　玉鱸銀菜興如何

---

81) 장한(張翰) : 진(晉)나라의 장한은 낙양(洛陽)에서 벼슬살이를 하던 중 가을바람이 일자 고향 오중(吳中)의 순챗국과 농어회가 그리워 "인생은 자신의 뜻에 맞게 사는 것이 중요한데 어찌 수천 리 밖에서 좋은 벼슬을 구하며 얽매일 필요가 있겠는가"라며 벼슬을 버리고 귀향했다. 이후 순챗국·농어회는 고향을 그리워하는 의미로 쓰였다[≪진서(晉書)≫ 권92 <문원전(文苑傳)·장한 열전(張翰列傳)>].

지천82)이 부르는 운 따라 읊다

지천은 황정욱의 호다.

　　버들가지 낭창대고 한낮의 해는 더딘데
　　작은 띠풀 집에 맑은 연못 하나라.
　　주인은 풍류의 마음 많아서
　　좋은 손에게 술 한잔 두려 하네.

芝川呼韻

芝川, 卽黃公廷彧之號也.

楊柳依依午景遲　數間茅屋一晴池
主人多有風流意　欲與嘉賓設小卮

---

82) 지천(芝川) : 황정욱(黃廷彧, 1532~1607)의 호다. 조선 14대 선조 때의 문신(文臣)으로 선조 8년(1588) 문과(文科)에 급제(及第)한 후, 한때 정여립(鄭汝立)의 모반(謀反)에 연루되어 면관되었으나 뒤에 복직되었다. 임진왜란(壬辰倭亂) 때에 왕자 순화군(順和君)과 함께 강원도(江原道)·함경도(咸鏡道) 지방(地方)에서 의병(義兵)을 모집(募集)하다 왜장에게 피검되었다.

도성암에서 우연히 읊다

오래된 절에 종소리 맑고 밝은 달 뜰 제
은하수 맑고 차가운데 흰 구름 가벼워라.
산승은 앞 개울물 개의치 않고
시인인 듯 밤 내내 읊조리네.

道成菴偶吟

古寺鍾淸明月生　銀河寒淡白雲輕
山僧不管前溪水　爲借騷人一夜聲

어떤 이에게 주다[83]

벽계수 옥 소리 울며 단풍 숲을 비추고[84]
강산은 외로운 마음에 월금(月琴)[85]을 짝했네.
선인은 오지 않고 가을은 벌써 저물었는데
오랜 누각에 해는 비끼고 나 홀로 올라섰노라.

其二贈人

碧溪鳴玉映楓林　山水孤懷半月琴
仙子不來秋已暮　古樓斜日獨登臨

---

83) 제목의 '기이증인(其二贈人)'은 '증인 기이(贈人 其二)'의 오류인 듯하다. '기이(其二)'는 해석하지 않는다.
84) 벽계수… 비추고 : 옥같이 푸른 시냇물과 붉은 단풍 숲의 시각적 대비가 돋보이는 구절이다.
85) 월금(月琴) : 악기 이름으로, 형상은 달과 비슷하고 소리는 금(琴)과 비슷하다.

간성의 청간정[86]에 제해 양봉래[87]의 시에 차운하다[88]

봉래는 양사언의 호다.

아름다운 누각[89]에 학발 노인 하나
퉁소 가락 속에 먼 하늘 보며 기댔네.

---

86) 청간정(淸澗亭) : 강원도 고성군 토성면 청간리에 있는 조선 시대 정자다. 이 정자의 창건 연대와 건립자는 알 수 없으나 1520년(중종 15) 간성군수 최청(崔淸)이 중수한 기록으로 보아 그 이전에 건립된 것으로 추측된다.
87) 양봉래(楊蓬萊) : 조선 전기의 문인 · 서예가인 양사언(楊士彦, 1517~1584)의 호다. 자연을 즐겨, 회양군수 때 금강산(金剛山) 만폭동(萬瀑洞) 바위에 '봉래풍악원화동천(蓬萊楓嶽元化洞天)' 여덟 글자를 새겼는데 지금도 남아 있다. 시(詩)와 글씨에 모두 능했는데, 특히 초서(草書)와 큰 글자를 잘 써서 안평대군(安平大君) · 김구(金絿) · 한호(韓濩) 등과 함께 조선 전기 4대 서예가로 불렸다.
88) 이 시는 양사언(楊士彦)의 <강선정대차자동(降仙亭待車紫洞)>에 차운해 지은 시다. 양사언의 시는 다음과 같다. "降仙亭上望仙翁, 何處鸞笙寄碧空. 迦洛峯頭斜日落, 白鷗疏雨海棠紅."
89) 아름다운 누각(瓊樓) : 시문 속에서 선궁(仙宮)의 누대라는 의미로도 쓰인다.

바람 비끼며 가랑비 천 리에 가득할 제
얼마나 안개 속 꽃들이 서로 붉게 비추었던가.

題杆城淸澗亭 次楊蓬萊韻

蓬萊, 卽楊公士彦之號也.

海上瓊樓鶴髮翁　鳳簫聲裏倚長空
斜風細雨一千里　多少烟花相暎紅

영월루에 부치다

높은 누각에 술 단지 놓고 피리 한 곡조 뽑을 제
매화꽃 다 지고 밝은 달만 높아라.
현학의 청아한 울음 하늘 너머에서 들리고
흰 구름 천 겹이라 골 안에서 바람 부네.

題詠月樓

高樓樽酒一聲笛 落盡梅花明月高
玄鶴淸音天外聞 白雲千疊洞中飄

건봉사[90]에 올라 남쪽 누각에서 우연히 쓰다

건봉사는 간성에 있다.

먼 나그네 서러운 마음 아는 이 없고
개울 너머에 배나무 천 그루 꽃비 내리네.
향긋한 풀들 길게 이어지며 날이 따뜻하자 더욱 푸른데
누각은 높아도 고향 가는 길은 보이지 않누나.

登乾鳳寺南樓偶書

寺在杆城.

遠客有恨無人知 隔溪千樹梨花雨
芳草迢迢暖更靑 樓高不見鄕園路

---

90) 건봉사(乾鳳寺) : 강원 고성군 거진읍 냉천리(冷川里)에 있는 절. 신라 시대 520년(법흥왕 7) 아도(阿道)가 창건해 원각사(圓覺寺)라 했다. 758년(경덕왕 17)에 발징(發徵)이 중건하고 염불만일회(念佛萬日會)를 열었는데, 이것이 한국에서 만일회의 시초다. 그 후 도선 국사(道詵國師)가 사찰을 중수(重修)해 서봉사(西鳳寺)라 개칭했는데 1358년(공민왕 7)에는 나옹(懶翁)이 사찰을 중수하고 다시 건봉사로 개칭했다.

졸고 난 뒤에 원사(源師)[91]의 시축(詩軸)에 부치다

아름다운 누각 남쪽 끝 옥난간에
안개 속의 꽃들 겹겹이요 저녁 빛은 싸늘해라.
꾀꼬리 울음 한 소리에 봄꿈은 깨어지고
문득 혹시 이 몸이 한단[92]에 있는 건 아닌지.

睡後題源師軸

畫樓南畔玉欄干　重疊烟花暮色寒
鸎語一聲春夢破　却疑身世在邯鄲

---

91) 원사(源師) : 인명인 듯하나 미상(未詳)이다.
92) 한단(邯鄲) : 노생(盧生)이 한단(邯鄲)에서 도사(道士) 여옹(呂翁)의 베개를 빌려 잠깐 눈을 붙인 사이에 부귀영화의 꿈을 꾼 고사가 전하는데, 이로부터 '한단지몽(邯鄲之夢)'이라 해서 인생과 영화(榮華)의 덧없음을 비유했다.

경포에 부치다 2수

경포는 강릉에 있다. 공이 시를 부친 뒤에 하곡 허봉이 보고 훌륭하게 여겨 화운해 읊기를 '흰 머리의 외로운 신하 대궐을 그리워하는 마음이라, 봉래산 푸른 바다 뉘라서 깊다 하나. 물가에 남은 신하 홀로 마음 품었건만 하늘 밖의 미인은 이제 보이지 않네'라고 하며 평생토록 자신은 공의 시에 미칠 수 없음을 탄식했다.

봉래산[93]에 한 번 드니 삼천 년이라
은빛 바다 아득할사 물은 맑고도 얕네.
난새 타고 오늘 홀로 날아오니
벽도화(碧桃花) 아래엔 아무도 보이지 않네.

현원황제 뵈러[94] 어디로 가야 할까나

---

93) 봉래산(蓬壺) : 전설에서 바다 가운데 있다는 신선들이 사는 산이다. ≪습유기(拾遺記)≫ <고신(高辛)>에서, "삼호(三壺)는 바로 바다 가운데 있는 세 산으로, 첫째는 방호(方壺)인데 이는 방장산(方丈山)이고, 둘째는 봉호(蓬壺)인데 이는 봉래산이고, 셋째는 영호(瀛壺)인데 이는 영주산(瀛洲山)으로, 모양이 마치 술병과 같이 생겼다" 했다.

옥동(玉洞)은 아스라이 복사나무 천 그루라.
아름다운 제단에 달빛 밝고 서늘해 잠 못 들 제
만 리를 불어온 천풍에 그 향기 경포에 가득해라.

題鏡浦 二首

浦在江陵. 公題詩後, 許荷谷篈, 見而奇之, 和其韻云, 白首孤臣戀闕心, 蓬萊碧海誰深淺. 汀洲遺佩獨含情, 天外美人今不見. 平生自歎其不能及.

蓬壺一入三千年　銀海茫茫水淸淺
驂鸞今日獨飛來　碧桃花下無人見

朝元何處去不知　玉洞渺渺桃千樹
瑤壇明月寒無眠　萬里天風香滿浦

---

94) 현원황제 뵈러 : 원문은 '조원(朝元)'으로, 도교(道敎) 신도들이 노자(老子)를 참배하는 것을 말한다. 당(唐)나라 때 노자가 태상현원황제(太上玄元皇帝)로 추존되었다.

바다를 보다

거대한 자라[95]가 구름을 밀치니 천 개의 봉우리가 푸르고
큰 고래[96] 바닷물 들이켜니 만 리 길이 비었네.
그 안에 해가 부상 나무[97]에 걸렸으니
나는 근원을 찾아 큰 바람을 몰고파라.

觀海

鉅鰲拂雲千峯碧　長鯨吸海萬里空
中間日掛扶桑樹　我欲窮源御大風

---

95) 거대한 자라(鉅鰲) : 전설에 나오는 바다 아래에서 산을 이고 있는 큰 자라를 가리키는 듯하다.
96) 큰 고래(長鯨) : 여기서 큰 고래란 큰 파도를 비유하는 것으로 보인다.
97) 부상 나무(扶桑樹) : 동쪽 바다의 해 돋는 곳에 있다는 신목(神木)을 말한다.

벗을 만나다

강남에 비 개이니 풀 새로 푸르고[98]
푸른 산굴에 구름 나니 호수의 달빛 하얗네.
벗님네와 마주해 요금(瑤琴)을 타며
댓잎 아래에서 죽엽청[99]을 마시노라.

逢友人

江南雨歇草新靑　碧岫雲生湖月白
玉人相對撫瑤琴　竹葉之下飮竹葉

---

98) 강남에… 푸르고 : 이 구절은 정지상(?~1135)의 시 <송인(送人)>에서 기구(起句)의 시상을 빌려 온 듯하다. 정지상의 시는 다음과 같다. "雨歇長堤草色多, 送君南浦動悲歌. 大同江水何時盡, 別淚年年添綠波."
99) 죽엽청(竹葉靑) : 대나무 잎(竹葉)이 원료가 되는 술로, '竹葉靑'이라 하기도 하고 '竹葉淸'으로도 부르며, 간단히 줄여 '竹葉'으로 쓰기도 한다.

박연 폭포에서

눈 같은 폭포수 하얀 벼랑에 날리며 허공에 솟아 있고
은빛 다리 천 자로 하늘에 걸려 있네.
산승은 꽃 피는 계절이 좋다고 말하지 마오.
봄날에 뉘라서 백옥 봉우리를 보았겠소.

朴淵瀑布

雪瀑冰崖箬半空　銀橋千尺掛天中
山僧莫道花時好　春日誰看白玉峯

달을 읊다

하늘이 요대[100]의 거울을 빌려다가
푸른 구름 끝자락에 날려 보냈네.
그저 동이 트면 그림자 사라질까 저어할 뿐
밤 깊도록 마주하며 추운 줄도 모르네.

詠月

天借瑤臺鏡　　　飛來碧雲端
只恐明朝流影盡　夜闌相對不知寒

---

100) 요대(瑤臺) : 옥으로 장식한 누대로, 전설에서 신선이 거처하는 곳이다.

산두[101]가 나에게 시 한 편을 부쳤는데 전하는 자가 지체해 이제야 비로소 보았다. 이는 원진과 백거이가 편지를 주고받던 것[102]과 차이가 없으니, 감흥이 일어 절구 두 수를 이루고는 <구별리>[103]를 지었는데 그 운을 따라 짓고 부친다

산두는 한준겸으로, 자는 익지다.

오랜 이별에 그저 그리워할 뿐이라
세상 만사는 모두 동쪽으로 흐르는구나.[104]

---

101) 산두(山斗) : 한준겸(韓浚謙, 1557~1627)을 말한다. 본관은 청주(淸州)로, 자는 익지(益之), 호는 유천(柳川)이다. 동부승지 때 중국 명(明)나라 도독을 도와 마초(馬草)와 병량 보급에 힘썼다. 선조로부터 영창대군의 보필을 요청받은 유교칠신의 한 사람으로, 계축옥사(癸丑獄事)에 연좌되어 충주에 귀양 갔다가 여주에 이배(移配)되었다.
102) 원진과 백거이가 편지를 주고받던 것 : 당나라 시인 원진(元稹, 779~831)과 백거이(白居易, 772~846)는 평생에 걸쳐 많은 편지를 주고받으며 깊은 우정을 나누었다.
103) 구별리(久別離) : 미상(未詳)이다.
104) 세상의… 흐르는구나 : 중국의 강 물줄기들이 동쪽으로 흘러 바다로 들어가듯 세상 만물이 사라져 다시 돌아오지 않음을 비유했다.

매화꽃도 시들어 지고 한 해도 저무는데
하늘 끝에서 센머리로 옛날 놀던 일 떠올리네.
그저 그리워할 뿐 다시 말하지 않으니
예부터 세상에는 지음이 드물지.
혼자 요금을 안고 밝은 달 아래 누우니
물새 울음 그치자 흰 구름 나는구나.

山斗寄我詩一章, 傳者遷延, 今始得見. 是與元白郵筒無異, 感成兩絶, 作久別離. 隨步其韻以寄

山斗, 卽韓公浚謙, 字益之.

久別離但相思　　世間萬事皆東流
梅花零落一年暮　　天末白頭懷舊遊
但相思不復道　　古來世上知音稀
獨抱瑤琴臥明月　　水禽啼盡白雲飛

두보의 시 <변방에서 이백을 생각하며>에 차운하고 아울러 부치다[105]

친구는 강과 바다 너머에 있거든
한 해 저물 제 이 시름 어찌할꼬.
만 리 길이라 소식도 적고
십 년이라 이별한 지 오래로다.
저녁 구름은 바위 아래 잠들고[106]
물새는 거울 속을 지나는데[107]
원망하다 도리어 몹시 그리워져
강가에 다가서서 벽라천[108]을 바라보노라.

---

105) 이 시는 두보가 유배 간 이백을 그리워하며 읊은 <천말회이백(天末懷李白)>에 양포가 차운한 시다. 양포 또한 그리운 누군가를 생각하며 이 시를 지은 듯하다. 두보의 <천말회이백> 원문은 다음과 같다. "涼風起天末, 君子意如何. 鴻雁几時到, 江湖秋水多. 文章憎命達, 魑魅喜人過. 應共冤魂語, 投詩贈汨羅."
106) 저녁… 잠들고 : 구름이 아침에 바위에서 나왔다가 저녁에 다시 바위로 들어감을 묘사한 듯하다.
107) 물새는… 지나는데 : 거울과 같이 맑고 잔잔한 수면 위를 지나가는 물새를 묘사했다.

次杜詩天末懷李白幷寄

故人江海隔　歲暮奈愁何
萬里信音少　十年離別多
晚雲巖下宿　水鳥鏡中過
恨却相思苦　臨流看碧羅

---

108) 벽라천(碧羅天) : 푸른 물 위로 비쳐 보이는 하늘을 가리킨다.

강루에서 우연히 읊다

이 이하로 <몽중우성(夢中偶成)> 20편에 이르기까지는 모두 공이 십여 세 때 지은 것이다. 사람들이 두루 외우면서 글자를 틀린 것이 많으니 보는 자들이 살펴야 한다.

강루(江樓)에서 해 지려 하는데
하늘 끝에 외로운 구름 시름겨워라.
술을 마련하고 이처럼 아름답게 모였으니
그 풍류 사해에 누가 견주랴.

江樓偶吟

此以下至夢中偶成二十篇. 幷公十餘歲時所作. 得於傳誦, 字多差誤, 覽者詳之.

江樓日欲暮　天末孤雲愁
樽酒此佳會　風流四海儔

소나무와 대나무

낙락[109]한 섬돌 위의 솔이요
창창[110]한 섬돌 아래 대로다.
그 안에 선옹(仙翁) 하나
날 추워지자[111] 솔과 대를 보노라.

松竹

落落階上松　蒼蒼階下竹
中有一仙翁　歲寒看松竹

---

109) 낙락(落落) : 외압에 의해 꺾이지 않는 지조를 가졌음을 비유한다.
110) 창창(蒼蒼) : 잎이 무성하고 많음을 뜻한다.
111) 날 추워지자(歲寒) : 주위의 모든 것이 앙상해진 가운데서도 여전히 푸름을 잃지 않는 소나무와 대나무를 보며 자신의 의지를 다지는 모습을 보여 준다.

풍악산에서 노닐다

만 리 길 불어온 바람 은빛 바다 물결 내몰고
천 겹으로 쌓인 구름 하얀 부용꽃112)을 말아 쥐네.
선인은 한낮에 난새 타고 떠나더니
바라보니 붉은 노을 아스라한 속으로 사라지누나.

遊楓岳山

萬里風驅銀海浪　千重雲卷玉芙蓉
仙人白日驂鸞去　望斷丹霞縹緲中

---

112) 부용(芙蓉) : 구름에 쌓인 풍악산(금강산)의 봉우리를 연꽃에 비유했다.

봉래로 가는 월오[113]를 전송하다

월오는 정기명의 호다.

나 월오객을 보내나니
만 이천 봉 봉래로다.
가을바람에 나뭇잎 질 때
나귀 타고 발길 옮기겠지.

送月梧之蓬萊

月梧, 卽鄭公起溟之號也.

我送月梧客　萬二千峯玉
秋風落葉時　驢背尋行跡

---

113) 월오(月梧) : 월오는 정기명(鄭起溟, 1558~1589)의 호로, 송강 정철의 큰아들이다.

기러기 그림에 부치다

물가엔 안개 끼고 강물은 부질없이 흐르는데
갈대꽃 새하얗기 눈과 같구나.
그 안에 무리 짓지 않은 새가 있어
울지도 않고 그예 하루를 마치네.

題畫鴈

烟渚水空流　蘆花白如雪
中有無羣鳥　不鳴坐終日

율곡 선생이 부르는 운 따라 읊다

조수 이는 바다 어구에 기러기 우는 가을이라
한 잎 외로운 배 물 따라 흘러가네.
어디선가 들려오는 낙매화곡114) 옥통소 소리에
푸른 바다 먼 하늘 아래 고향 먼 나그네 시름겹네.

栗谷先生呼韻

潮生海口鴈聲秋　一葉孤舟逐水流
玉笙吹落梅花曲　碧海長天遠客愁

---

114) 낙매화곡(落梅花曲) : 피리 곡으로, 이백의 시 ≪여사낭중흠청황학루상취적(與史郞中欽聽黃鶴樓上吹笛)≫에서 "黃鶴樓中吹玉笛, 江城五月落梅花"라고 했다.

기재[115]를 우연히 읊다

아침 햇살 수풀 헤치고 지게문에 비껴드는데
화로 끼고 한가로이 흰 구름 머문 집에 앉았노라.
옥 술잔에 가득히 유하주[116] 따르니
옥적(玉笛)[117]의 소리 날자 눈꽃이 떨어지네.

企齋偶吟

朝旭穿林入戶斜　擁鑪閑坐白雲家
瓊杯滿酌流霞酒　玉笛聲飛落雪花

---

115) 기재(企齋) : 신광한(申光漢, 1484~1555)의 호다. 을사사화 때 우참찬으로 소윤에 가담해 대윤 제거에 힘써 위사공신이 되고, 그해 우찬성으로 양관의 대제학을 겸임했다. 영성부원군에 봉해졌으며, 좌찬성에 올랐다.
116) 유하주(流霞酒) : 신선이 마시는 술을 말한다.
117) 옥적(玉笛) : 옥으로 만든 피리의 일종이다.

정인사[118]에서 우연히 읊다

깨끗이 술 한 병 비우고는
이리저리 흔들리는 나그네 마음이어라.
그대 지금 아니 취하고 어디로 가려는고.
텅 빈 이름 구름 속 달과 같구려.

正因寺偶吟

清若空一壺酒　　蕩漾遊子情
君今不醉將安去　虛名比如雲月形

---

118) 정인사(正因寺) : 경기도 고양군 신도읍 용두리 경릉 동쪽에 있었던 사찰이다. 조선 시대에 왕실에서 세운 것으로, 1457년(세조 3) 세자 덕종(德宗)이 요절하자 1459년 왕명으로 창건했다.

기 공[119]의 저택 영월루에 제하다

장안의 풍류 있는 주선이
이에 장안 높은 누각 안에 있네.
밤이면 하늘 위 구름을 어루만지다가
아침이면 섬돌 아래 물로 양치하네.
떠다니는 노을 속에서 유하주를 마시고
영월루에선 달 읊조릴 걸 떠올리네.
언제나 채찍 쥐고 난새 타고 와서
주선과 함께 높은 누각에서 취해 볼까나.

題奇公第詠月樓

長安風流酒仙人　乃在長安高閣裏
夜撫天上雲　　　朝漱階下水
流霞酌流霞　　　詠月思詠月
何時著鞭乘鸞來　共與酒仙醉高閣

---

119) 기 공(奇公) : 미상(未詳)이다.

정토사에서 친구와 헤어지다

야사(野寺)에서 무더위를 만났지만
서남쪽에서 친구 얻어 기쁘다오.
책을 보느라 여름날을 아까워하고
검을 보며 봄날 얼음을 아쉬워하네.
학문을 왜곡했다고 손자[120]를 그르다 하고
맑은 시라 두보를 옳다 하네.
이제 헤어지고 나면
밤에 침상 위에 홀로 등만 걸리리.

淨土寺別友人

野寺當炎熱　西南喜得朋
觀書愛夏日　看劒惜春冰
曲學非孫子　淸詩是杜陵

---

[120] 손자(孫子) : 중국 춘추 전국 시대의 유명한 병법가인 손무(孫武)를 말한다. 오왕 합려를 섬겨 그로 하여금 패자(覇者)가 되게 했다. 저서로 국가 경영의 요지, 승패의 기미, 인사의 성패 등의 내용을 다룬 병법서(兵法書)인 ≪손자병법≫이 있다.

如今離別後　夜榻獨懸燈

장성으로 가는 오 형[121]을 전송하다

한번 가을을 슬퍼하는 시구를 터트렸다가
이내 먼 곳 떠나보내는 노래 지었노라.
갖은 고생 끝에 오늘 헤어지니
비바람 속에서 몇 번이나 이불 덮었던가.
화촉(畫燭)은 붉은 눈물 흘리고
요금(瑤琴)은 옥음 소리 한스럽네.
무정한 놈도 오히려 이와 같거늘[122]
마음 있는 나는 주체할 수 없어라.

送吳兄之長城

試發悲秋句　因成送遠吟
艱難今日別　風雨幾時衾
畫燭啼紅淚　瑤琴怨玉音
無情尙如此　有意自難禁

---

121) 오 형(吳兄) : 앞에서 본 <제오수사문>이라는 제문을 통해 유추해 보건대 최전의 자형인 오운을 가리키는 듯하다.
122) 무정한… 같거늘 : 앞 구의 화촉(畫燭)과 요금(瑤琴)을 가리킨다.

임화정[123]이 매화를 찾는 그림에 제하다

밝은 달빛 아래 매화꽃 지고
사립문에 학 그림자 외롭네.
산속의 사람 옥과 같으니
맑고 깨끗하게 서호에 섰구나.

題林和靖訪梅圖

明月梅花落　柴門鶴影孤
山中人似玉　蕭洒立西湖

---

123) 임화정(林和靖) : 화정은 북송(北宋) 시대 처사(處士)인 임포(林逋)의 시호다. 그는 일찍이 서호(西湖)의 고산(孤山)에 은거하면서 처자(妻子)가 없었는데, 매화(梅花)와 학(鶴)을 대단히 사랑해 당시 사람들이 그를 매처학자(梅妻鶴子)라 일컬었다.

용잠[124]에 오르다

지는 해 서산으로 사라지니
차가운 안개 먼 숲 속에 이네.
서성이다 맑은 흥취 일어나
장안 길을 노래 부르노라.

登龍岑

落日沒西山　寒烟生遠樹
徘徊起淸興　歌吹長安路

---

[124] 용잠 : 용산(龍山, 지금의 서울시 용산구와 마포구에 걸쳐 위치한 산)을 가리키는 듯하다.

김취면[125]이 그린 그림에 제하다
취면은 김시의 호다.

봄비 맞으며 장강을 지나는데
꽃은 붉고 사초는 푸르네.
나귀는 다리 절고 배 띄울 수 없거든
해 질 녘 안개 낀 물만 드넓어라.

題金醉眠畫圖

醉眠, 卽金公禔之號也.

春雨過長江　花紅莎草綠
蹇驢不能舟　日夕烟波闊

---

125) 취면(醉眠) : 조선 중기의 문인 화가 김시(金禔, 1524~1593)의 호다. 자는 계수(季綏), 호는 양송당(養松堂)·양송헌(養松軒)·취면(醉眠)이다. 김안로(金安老)의 아들로 벼슬은 사포별제(司圃別提)를 지냈으며 과거에 뜻이 없었고 오로지 서화에 전념해 인물·산수·우마·초충(草蟲)·영모(翎毛) 등을 정묘(精妙)하게 그렸다. 당시 그의 그림을 최입(崔岦)의 글월, 한석봉의 글씨와 더불어 삼절(三絶)이라 했다.

홍태고[126]를 찾아갔으나 만나지 못하다

태고는 홍적의 자다.

뉘라서 하얀 복사꽃 심었던가.
가지마다 향그럽게 눈꽃이 가득하니
언제나 주인과 함께해
이 풍경 마주하며 기나긴 날을 보내 볼꼬.

訪洪太古不遇

太古, 卽洪公迪之字也.

誰種白玉桃 枝枝香滿雪
何時共主人 對此消永日

---

126) 홍태고(洪太古) : 태고는 홍적(洪迪, 1549~1591)의 자(字)다. 본관은 남양(南陽). 자는 태고(太古)·준도(遵道), 호는 양재(養齋)·하의자(荷衣子)다. 이황(李滉)의 문인이다.

송악산에서 쟁 소리를 듣다

먼 곳의 나그네 몸은 천 리 길이어든
아름다운 이의 손에는 쟁127) 하나라.
흰 구름은 하늘 밖 길로 흐르는데
헤어져 나 홀로 돌아오는 마음 서글퍼라.

松岳聞箏

遠客身千里　佳人手一箏
白雲天外路　離別獨歸情

---

127) 쟁(箏) : 국악기 중 사부(絲部)에 속하는 현악기로 본래는 중국의 속악에 쓰이던 13현의 악기다. 1114년(예종 9) 송나라에 사신으로 갔던 안직숭(安稷崇)이 돌아오는 길에 새 악기와 곡보(曲譜)를 가지고 와서 태묘(太廟)의 제향(祭享)에도 겸용했는데, 이때 들어온 악기 중에 쟁이 있었다.

산방에서 묵다

경쇠 소리 구름 낀 벼랑에서 터지고
석문은 밝은 달을 낳누나.
등불 앞에서 취해 잠 못 이루는데
창밖으로 눈보라가 울어 대네.

宿山房

磬聲發雲崖　石門生明月
燈前醉不寐　窓外鳴風雪

천마산[128]에서 노닐다

천 산을 비추는 달빛 아래 지팡이 끌고
옷을 펄럭이며 만 골짜기의 바람 맞노라.
봉황 피리[129]로 한 곡조 소리 내니
푸른 구름 속에서 맑게 울리누나.

遊天磨山

曳杖千山月　飄衣萬壑風
鳳笙聲一曲　寥亮碧雲中

---

128) 천마산(天磨山) : 경기도(북한) 개풍군 영북면(현재 개성시)에 있는 산을 가리키는 듯하다.
129) 봉황 피리(鳳笙) : 봉생은 봉황의 형상으로 만든 생황(笙簧)이다. 전해서 피리의 미칭으로 쓰인다.

집구[130]

주렴 사이로 바람 불 제 푸른 등불 일렁이고
달빛 아래 천 봉우리는 하얀 눈이 덮인 듯해라.
함께 마주한 지 3년 만에 얼굴 보노니
옥퉁소 소리에 매화꽃이 지는구려.[131]

集句

靑燈一簾風　白雪千峯月
共對三載面　玉簫梅花落

---

130) 집구(集句) : 옛사람의 시구를 모아서 한 편의 시를 이루는 것을 말한다.
131) 매화꽃이 지는구려 : '매화락(梅花落)'이라는 퉁소 음악을 옥퉁소로 연주하는 것을 뜻한다. 번역에서는 풀어서 옮겼다.

하곡132)의 시에 차운하다133)

달빛 어두워 밤이 마치 일 년인 듯하고
마주해 이야기하는 이 하곡의 신선이라.
요금134)으로 한 곡조 타니
난새와 학이 저마다 훨훨 날도다.

次荷谷韻

月黑夜如年　對言荷谷仙
瑤琴彈一曲　鸞鶴自翩然

---

132) 하곡(荷谷) : 하곡(荷谷)은 허봉(許篈, 1551~1588)의 호다. 본관은 양천(陽川)이고, 자는 미숙(美叔), 호는 하곡(荷谷)이다. 허난설헌(許蘭雪軒)의 오빠이자 허균(許筠)의 형이다. 유희춘(柳希春)의 문인이며 저서로는 ≪하곡집≫・≪하곡수어(荷谷粹語)≫가 있다. 특히 시인으로 유명했는데, 그의 시는 깨끗하고 산뜻하면서도 정숙하고 아름답다는 평을 들었다.
133) 이 시는 허봉(許篈)의 <요기성우상인(遙寄性牛上人)>에 차운해 지은 시다. 허봉의 시는 다음과 같다. "久負驪江二十年, 夢魂頻到白鷗邊. 秋風忽憶長興寺, 黃葉菁山益杳然."
134) 요금(瑤琴) : 옥으로 장식한 금(琴).

버들개지

양화[135]에는 버들개지 많아
사뿐히 이내 낀 강가에 떨어지네.
강바람 밤낮으로 일어나더니
혹여 용산의 눈인가 하노라.

楊花

楊花多楊花　飄然烟渚落
江風日夕起　疑是龍山雪

---

135) 양화(楊花) : 지금의 서울시 마포구 합정동 지역의 한강 북안에 있었던 나루터인 양화나루를 말하는 듯하다.

산인에게 주다

산승이 시구를 찾아 왔기에
그를 위해 두세 자를 써 주었네.
산승은 구름 떨치고 돌아가더니
베개 높이 베고136) 짙푸른 호산(湖山)에 누웠어라.

贈山人

山僧乞句來　爲書數三字
山僧拂雲歸　高臥湖山翠

---

136) 베개 높이 베고(高臥) : 전원(田園)에 은퇴해 유유자적하게 은거 생활을 즐기는 것을 말한다. 진(晉)나라 사안(謝安)이 벼슬을 사양하고 회계(會稽)의 동산에 은거했던 '동산고와(東山高臥)'라는 고사가 있다.

포도 그림

가지를 옆으로 뻗으니 사슬을 이은 듯하고
포도 열매 맺으니 명주가 주렁주렁 어지러워라.
채색 그림도 또한 보배로이 여길 만하니
서로 마주해 강호에서 늙노라.

葡萄圖

橫枝連鐵索　結實亂明珠
粉圖亦足寶　相對老江湖

벗에게 주다

당당할시고 용봉과 같은 자태여
부용꽃이 가을 물에서 나오도다.
금(琴)으로 튕기는 만고의 마음이여
하늘 끝에서 외로운 구름 일어나누나.

贈友人

矯矯龍鳳姿　芙蓉出秋水
彈琴萬古心　天末孤雲起

봄날

수양버들 낭창낭창 강물이 오르고
복사꽃 눈송이처럼 소리 없이 지네.
파란 아지랑이 언뜻 걷히자 아름다운 봉우리 수척하고
나 홀로 난주137)에 기대어 옥피리 부노라.

春日

楊柳依依江水生　桃花如雪落無聲
靑霞乍卷瑤岑瘦　獨倚蘭舟吹玉笙

---

137) 난주(蘭舟) : 목란배 또는 작은 배의 미칭(美稱)으로 쓰인다.

눈보라 속에서 문득 읊조리다

밤사이 내린 눈으로 하늘과 땅이 이어지고
싸늘한 서재에 촛농만 깊어지네.
호연한 맑은 흥이 넉넉하거니와
솔과 대가 내 마음 아는구나.

風雪偶吟

冥雪連天地 寒齋燼水沈
浩然淸興足 松竹是知心

벗을 전송하다

헤어져 청산 밖이러니
바람 맞으며 나 홀로 서성이네.
그대 그린들 어느 곳에 있으리오
밝은 달 아래 두견이 서러워라.

送友人

相別靑山外　臨風獨徘徊
思君何處是　明月杜鵑哀

어떤 이를 전송하다

허둥지둥 뉘엿한 석양 속에 헤어지니
아지랑이 낀 꽃들 사이로 옛길 희미해라.
시냇물이 마치 감정이 있는 듯
울어 예며 그대 돌아가는 것 보내네.

送人

草草斜陽別　烟花古路微
溪流如有意　嗚咽送君歸

미인에게 주다

하얀 얼굴에 눈썹 푸른 그대
혼자서 석양에 붉게 물든 산을 가누나.
마음은 서둘러도 길은 끝나지 않아
비단 버선에 고운 먼지 일어나네.

贈美人

白玉翠眉兒　獨行暮山紫
心忙路不窮　羅襪纖塵起

그대 보내며

아! 그대는 나이 사십에
황천에 뜬 달빛 아래 넋이 끊어지네.
시름겨운 구름은 저녁 산을 메우고
못내 울고 나니 솔과 가래나무[138] 푸릅디다려.

挽人

嗟君四十秋　魂斷黃泉月
愁雲鎖暮山　哭罷松楸碧

---

138) 송추(松楸) : 소나무와 가래나무, 즉 묘 둘레에 심는 묘목이다. 송추(松楸)는 무덤을 뜻하기도 한다.

꿈속에 짓다

강월과 산 남쪽에서 짝지 되어
고기 잡고 나무하며 이 삶을 부쳤노라.
가을이 강호에 드니 하얀 깁이 가로지르고
달이 하늘 가운데로 오르니 금빛 거울 환할시고.
황국이 산에 가득해 암향(暗香)이 맑을새
기러기 아스라이 구름 사이에서 울고 있네.
금으로 타는 녹수곡은 세상을 넘어선 소리요
피리로 부는 매화곡139)은 고향을 그리워하는 마음이라.
꿈이 다하자 이 몸 홀가분해지니
창 너머로 푸른 아지랑이 깔렸구나.

夢中偶成

江月伴山南　　　漁樵寄此生
秋入江湖素練橫　月上天心金鏡明
黃花滿山暗香淸　鴻鴈眇眇雲間鳴
琴流綠水出世聲　笛奏梅香懷故情

---

139) 매향(梅香) : 곡명(曲名)인 듯하나, 미상(未詳)이다.

夢罷此身輕　　窗外碧靄平

주 상인이 봉래로 돌아가는데 주다

일찍이 듣자니 바닷가에 봉래산 있어
산봉우리 만 이천 개 옥과 같다네.
선인이 손을 들어 나를 부르니
자하동 향긋한 바람 속에 벽도화가 피었네.
내 장차 나막신 지어 귀거래 하리니
한번 요대에서 웃고 밝은 달 아래 누우리라.
주 상인은 오늘 이곳으로 떠나니
그저 맑은 가을을 마주해 멀리 작별하노라.

贈釋珠上人歸蓬萊

曾聞海上有蓬萊　一萬二千峯如玉
仙人擧手相招我　紫洞香風碧桃發
吾將理屐歸去來　一笑瑤臺臥明月
珠師今向此中去　空對淸秋遠相別

벗에게 주다

꽃 피는 마을에서 맛 좋은 술을 사서
마주해 술 따르니 저녁 산이 푸르구나.
시를 지으면 악부를 넘어서고
붓을 휘두르니 난정140)이 우스워라.

贈友人

花村沽美酒 對酌暮山靑
詩成凌樂府 筆落傲蘭亭

---

140) 난정(蘭亭) : 중국 동진(東晉)의 서예가인 왕희지(王羲之, 307~365)를 말한다.

천마산에서 노닐다

짚신 신고 눈 덮인 천 개의 봉우리를 모두 밟았고
죽장 짚고 구름 깔린 만 개의 골짜기를 두루 다녔어라.
이 몸이 허공 위에서 멀리까지 한껏 바라보니
지세가 다한 곳에 강물이 둘로 갈라지네.[141]

遊天磨山

芒鞋踏盡千峯雪 竹杖行穿萬壑雲
身在半空馳遠望 地形窮處二江分

---

141) 강물이 둘로 갈라지네 : 황해도 동남쪽에 있는 예성강과 한강을 가리키는 듯하다.

신광사에서 노닐다

난새 타고 날아올라 선단을 예배하고
천 그루의 기수[142] 숲에 이슬 기운이 차가워라.
흰 구름은 놀러 온 이의 마음을 아는 듯
나를 위해 남산과 북산에서 걷히네.

遊神光寺

驂鸞飛上禮仙壇　琪樹千林露氣寒
白雲似解遊人意　爲卷南山與北山

---

142) 기수(琪樹) : 선경(仙境)에 있다는 옥같이 아름다운 나무를 말한다. 눈이 많이 쌓인 나무의 모양을 뜻하기도 한다.

그대 떠나보내다

천 리 길 이곳에서 작별하니
술 한잔 어느 날에나 기약할까.
고향 동산에 매화꽃이 피거든
부디 가지 두셋 부쳐 주오.

送人

千里此爲別 一樽何日期
鄕園梅信動 須寄兩三枝

습유(拾遺)

용문 산인이 봉래로 돌아가는 것을 떠나보내다

동해 바다 저 멀리 벽도가 익어 가고
자하동의 향긋한 바람 구름 너머로 풍기네.
천 그루 배꽃은 백옥부요,
만 그루 수양버들은 적란교[143]라.
선인이 떠나간 뒤 대는 텅 비었건만
봉황 피리[144] 울음 속에 서운함은 채 가시지 않았네.
밝은 달 산에 가득할 제 생학(笙鶴)은 멀어지는데
구중천의 봄빛이 새벽빛 아래 어른대네.

送龍門山人歸蓬萊

東溟渺渺碧桃老　紫洞香風雲外飄
千樹梨花白玉府　萬行楊柳赤欄橋
仙人去後臺空在　鳳管聲中怨未消

---

143) 적란교(赤欄橋) : 홍색 난간의 다리로, 당나라 고황(顧況)의 시 <섭도사산방(葉道士山房)>에서 "水邊垂柳赤闌橋, 洞裏仙人碧玉簫. 近得麻姑書信否, 潯陽向上不通潮"라고 했다.
144) 봉황 피리(鳳管) : 피리를 미화해 부르는 말이다.

明月滿山笙鶴遠 九霄春色曉迢迢

벗을 떠나보내다

나그네 걸음 어이 저리 바쁜고
저물녘 시내 다리도 꺼리지 않네.
푸른 산에 걸린 구름 한 조각이
흩어져 강 하늘의 비가 되누나.

送友人

客行何太忙 不畏溪橋暮
靑山一片雲 散作江天雨

서호에서

산이 높아 하늘은 수풀보다 나직하고
밤도 밝아 꽃이 달빛 아래 빛나네.
그 안에 양포 옹 있어
만경창파에 배를 띄우노라.

西湖

山峻天低樹　夜明花得月
中有楊浦翁　乘舟萬頃綠

문산[145]의 시를 읽고

지남시(指南詩)[146]를 읽고서
단심(丹心)을 밝은 태양 아래 맹세하네.
예로부터 하늘과 땅 사이에
대장부는 정녕 대적할 자 없어라.[147]

---

145) 문산(文山) : 문산은 중국 남송의 정치가이자 시인 문천상(文天祥, 1236~1282)의 호다. 송나라(남송)가 원나라에 항복하자 저항하다 체포되었고 쿠빌라이 칸이 그의 재능을 아껴 전향을 권유했지만 거절하고 죽음을 택했다.

146) 지남시(指南詩) : 문천상은 시를 많이 남겼는데, ≪지남록(指南錄)≫과 ≪지남후록(指南後錄)≫, ≪음소집(吟嘯集)≫ 등의 시집이 후세에 전한다. ≪지남록≫이라는 제목은 "신하의 마음은 지남철과 같아 남쪽을 가리키지 않고는 쉬지 않는다"는 말에서 유래한다. 문천상의 시는 주로 절개를 지키는 기개와 민족의 밝은 미래에 대한 확고한 신념을 표현하고 있다.

147) 대장부는… 없어라 : ≪맹자≫ <양 혜왕(梁惠王) 상(上)> 제5장에 "인자는 대적할 사람이 없다(仁者無敵)"라는 말이 나온다.

讀文山詩

讀罷指南詩　丹心誓白日
萬古天地間　丈夫應無敵

봄놀이하다

봄바람 부는 3월 저녁이라
봄빛이 갓 그려 낸 듯하구나.
먼 데 버드나무 푸른빛 땅에 드리우고
꽃이 떨어져 그 향기 호수에 가득해라.
이미 속세의 일이 없거니와
뉘라서 내 마음 기쁜 줄 알리오.
나귀 등에 타고 느지막이 돌아와
고양(高陽)의 술친구를 찾노라.[148]

春遊

東風三月暮　春色似新圖
遠柳綠垂地　落花香滿湖
旣無塵世事　誰識余心娛
驢背歸來晚　高陽訪酒徒

---

148) 고양의… 찾노라 : '고양주도(高陽酒徒)'라는 말이 ≪사기(史記)≫ <역생 육가 열전(酈生陸賈列傳)>에 보이는데, 술을 좋아하고 방탕해 어디에도 구애받지 않는 사람을 일컫는 뜻으로 쓰인다.

봄을 아쉬워하다

비 개고 구름 걷히자 고운 풍경 새로울시고
금(琴)과 서(書)를 지니니 깨끗할사 그림 속의 사람이네.
담장 끝에 불어온 미친바람에 벽도(碧桃)는 지고
녹주 석 잔으로 남은 봄을 아쉬워하노라.

惜春

雨歇雲收麗景新　琴書蕭洒畫中人
墻角狂風碧桃落　三杯綠酒惜餘春

생황 불다

청산에 비 지나갈 제 백운이 일고
늦은 봄 앞 시내에 옥경[149]은 맑아라.
학을 타고 돌아오니 속세는 먼데
벽도화 아래에서 그예 생황 부노라.

吹笙

靑山雨過白雲生　春晚前溪玉鏡淸
駕鶴歸來塵世遠　碧桃花下坐吹笙

---

149) 옥경(玉鏡) : 맑은 물을 옥경(玉鏡 : 옥거울)에 비유한 것이다.

산인에게 주다

아침엔 풍악150)에서 놀고 저녁엔 향산151)이라
마음은 가을 든 강에 달빛 둘러 차가운 듯하네.
천겁의 속세 인연 닳아 다시 없어지고
흰 구름에 외로운 학이 한가로이 오고 가네.

贈山人

朝遊楓嶽暮香山　心似秋江帶月寒
千劫俗緣磨更盡　白雲孤鶴去來閑

---

150) 풍악(楓嶽) : 강원도(江原道) 고성군(高城郡)과 회양군에 걸쳐 있는 이름난 산으로 봄에는 금강산(金剛山), 여름에는 봉래산(蓬萊山), 가을에는 풍악산(楓嶽山), 겨울에는 개골산(皆骨山)이라고 한다.
151) 향산(香山) : 평안북도 영변군·희천군과 평안남도 덕천군에 걸쳐 있는 묘향산(妙香山)을 가리키는 듯하다. 예로부터 동금강(東金剛)·남지리(南智異)·서구월(西九月)·북묘향(北妙香)이라 해서 우리나라 4대 명산의 하나로 꼽혔다. 또한 '수이장(秀而壯)'이라 해서 산이 빼어나게 아름다우면서도 웅장한 모습을 지닌 명산으로 알려졌다. 묘향산은 일명 태백산(太白山 또는 太佰山) 혹은 향산(香山)이라고도 한다.

강남의 절을 노닐다

강남의 소사(蕭寺)152)에는 나그네들 자취 많을시고
안개비 내리는 가운데 절집도 많아라.
장적 소리 한 줄기 구름 너머에 떨어지는데
하얀 새 짝지로 날며 방초 핀 물가에 있네.

遊江南寺

江南蕭寺浪迹多　烟雨之中多少樓
長笛一聲落雲外　白鳥雙飛芳草洲

---

152) 소사(蕭寺) : 불사(佛寺)를 말한다. 양 무제(梁武帝)가 불교를 신봉해 사원(寺院)을 짓게 하고 소자운(蕭子雲)에게 명해 비백(飛白)으로 소사(蕭寺)라고 크게 쓰게 한 데서 유래했다. 절 이름은 강남사인데 양 무제의 고사와 연결해 강남 소사라고 한 듯하다.

사막사에서

북전에 향 사르는 연기 휘감아 오르고
선단에 이슬 기운 맑아라.
온갖 시내가 멀지 않구나
아득한 밤에 차가운 물소리를 보내오니.

沙漠寺

北殿香烟裊　仙壇露氣淸
百川知不遠　遙夜送寒聲

관악산에 들어가다

폭포를 바라보다 만난 땅이라
붉은 벼랑엔 요초가 새로울시고.
진세의 연분 아직 끊어지지 않았는데
다시 산인으로 나왔어라.

入冠嶽

望瀑相逢地 丹崖瑤草新
塵緣猶未斷 還作出山人

이른 봄

외진 골에 봄빛이 일렁이고
얼음 녹아 바위틈 계곡물 맑아라.
선창이 멀지 않구나
숲 너머에 경쇠 소리 날아오니.

早春

幽谷春光動　氷消石澗淸
禪窓知不遠　林外磬飛聲

다연

옥동(玉洞)은 봄 아지랑이에 젖어 있고
시비(柴扉)는 산에 뉘엿한 석양에 물들었네.
유인(幽人)은 차를 다 끓인 뒤
홀로 운방(雲房)153) 닫아걸고 묵노라.

茶烟

玉洞春烟濕 柴扉山日夕
幽人了煮茶 獨閉雲房宿

---

153) 운방(雲房) : 승려나 은자가 거주하는 방.

삼언 오언 칠언

이내 낀 아침
꽃 지는 저녁이라
해마다 이별이 쓰라려
풀마다 강가 다리에서 울고 있네.
장안의 거리에서 만나니 좋을시고
취해 날리는 버들솜 쫓는 봄 3월이라.

三五七言

烟雲朝　　　　落花夕
年年別離苦　　草草河橋泣
長安陌上好相見　醉逐飛絮春三月

누원에 제하다

작년 9월엔 강남길이더니
금년 9월에는 산동길이라.
해마다 나그네 되어 흰머리 늘고
좋은 계절인데 사람에겐 정녕 시름겹네.
강호에 물 빠지니 기러기 날아오고
꿈에 본 고향 산에 가을은 아직 깊지 않건만.
옛 누원에 해는 저물고 차가운 안개 엉겼는데
나 홀로 마름꽃 따다 애써 한 아름 만드노라.

題樓院

去年九月江南路　今年九月山東道
年年爲客白髮生　佳節於人亦草草
江湖水落鴻鴈來　夢入鄕山秋未老
古樓日暮凝寒烟　獨採蘋花強盈抱

양산[154]에서 주역을 읽다

혼자 와서 무슨 마음 품고
양산 안에 높이 누웠나.
산은 깊어 솔과 잣은 오래되었는데
해 저물녘에 거센 바람 이는구나.
금을 탄들 그 곡조 누가 화답하며
주역을 읽은들 이치를 어이 궁구하랴.
그대 그리워 밝은 달 바라보니
흰 구름이 동쪽 하늘에 떠가누나.

讀易陽山

獨來有何意　高臥陽山中
山深松栢老　日暮生雄風
彈琴曲誰和　讀易理何窮
思君望明月　白雲橫天東

---

154) 양산(陽山) : 지금의 경상북도 문경시(聞慶市)에 있던 산이다.

어떤 이를 생각하다

소슬하게 가을비가 연못을 지난 뒤
이슬 차가운 연방155)에 붉은빛이 향기롭네.
요금을 다 타고 나니 달빛이 흐르고
초수의 소산156)은 시름만 길어라.
그대 천 리 너머에서 홀로 애끊나니
수놓은 휘장도 제빛을 잃고 맑은 밤 차갑기만 하네.

懷人

蕭蕭秋雨過荷塘　露冷蓮房紅粉香
瑤琴彈盡月流光　楚水素山愁思長
美人千里獨斷腸　繡幕悄然淸夜涼

---

155) 연방(蓮房) : 연꽃의 열매가 들어 있는 송이를 말한다.
156) 초수의 소산 : 미상(未詳)이다.

그대 떠나보내다

달빛 밝은 맑은 가을 밤
금에 술동이 두고 헤어지는 때라오.
산음157)에서 백설곡158)을 부르다
한번 노 저으며 다시 서로 기약하네.

送人

明月淸秋夜　琴罇送別時
山陰白雪曲　一棹更相期

---

157) 산음(山陰) : 경상남도 산청 지역의 옛 지명.
158) 백설곡(白雪曲) : 양춘곡(陽春曲)과 함께 꼽히는 초(楚)나라의 2대 명곡으로 내용이 너무도 고상해 예로부터 창화(唱和)하기 어려운 곡으로 일컬어져 온다.

백로

갈대꽃 사이에 백로가 잠들고
이슬 젖은 가을 강이 차가워라.
어디선가 피리 한 소리 들리고
둥근 달이 먼 산에서 나오네.

白鷺

蘆花白鷺宿　露濕秋江寒
何處一聲篴　月輪生遠山

수종사[159)

절집은 층층 하늘가를 누르고
사람은 거친 돌길에 드물어라.
여울 소리 나는 두 골짜기에 달은 떠 있고
기러기 어른대는 온 하늘에 서리 내리네.
눈 맞은 대나무 부질없이 차갑게 푸르고
바람 맞은 매화 저 홀로 넌지시 향기롭네.
석장[160)을 날리니 외로운 학이 지나가고
스님이 돌아오니 물과 구름은 길구나.

水鍾寺

寺壓層霄畔 人稀石逕荒

---

159) 수종사(水鍾寺) : 경기도(京畿道) 양주시(楊洲市)에 있던 절로, 조선 시대 세조(世祖)가 지었으나 현재는 탑만 남아 있다.
160) 석장(錫杖) : 스님의 지팡이를 말한다. 석장을 날린다는 것은 옛날에 승려 은봉(隱峰)이 오대산(五臺山)을 유람하고 회서(淮西)로 나가서는 석장을 던져 공중으로 날아서 갔다는 고사에서 온 말로, 전해서 승려들이 사방으로 돌아다니며 수행하는 것을 뜻한다.

灘聲兩峽月　鴈影一天霜
雪竹空寒翠　風梅自暗香
錫飛孤鶴過　僧返水雲長

고니 네 마리[161]

이백의 <산인권주>[162]에 차운하다.

바위틈에서 샘물 괄괄거리고
산 위에 달은 밝아라.
백 자 큰 소나무에 학 한 마리 깃들이고
여러 줄기로 향기가 나니 지초가 있구나.
아침엔 솔잎을, 저녁엔 지초를 먹으니
빼어난 기운 구름을 넘어 옥빛으로 좋네.
진나라를 피해 훌쩍 속세의 그물을 벗어나니

---

161) 고니 네 마리(四鵠) : '상산사호(商山四皓)'를 사곡에 빗대어 말한 듯하다. '상산사호'란 한고조(漢高祖) 때 섬서성(陝西省)의 상산에 은거하던 네 명의 은사(隱士) 동원공(東園公), 기리계(綺里季), 하황공(夏黃公), 녹리선생(角里先生)으로, 수염과 눈썹까지 희어서 사호라 한다.

162) 이백의 <산인권주(山人勸酒)> : 원문은 다음과 같다. "蒼蒼雲松, 落落綺皓. 春風爾來爲阿誰, 蝴蝶忽然滿芳草. 秀眉霜雪顏桃花, 骨青髓綠長美好. 稱是秦時避世人, 勸酒相歡不知老. 各守麋鹿志, 恥隨龍虎爭. 欻起佐太子, 漢王乃復驚. 顧謂戚夫人, 彼翁羽翼成. 歸來商山下, 泛若雲無情. 擧觴酹巢由, 洗耳何獨清. 浩歌望嵩嶽, 意氣還相傾."

천 그루 벽도는 봄빛으로 시들지 않네.
저 기러기 구름 끝에 있으니
행여 닭 떼들과 다투리오.
연 옷[163]을 입고 학 수레[164]를 호위하니
용안이 또한 절로 놀라네.
나라의 근본이 이로부터 정해져
한(漢)나라 왕업은 끝내 이루어지리.
돌아와 소나무 그늘 아래 누워
속세의 마음 씻노라.
한나라의 운세가 거의 위태로워지니 뉘라서 다시 지탱할꼬.
흐린 물결 천 길이라 어찌 맑게 할 수 있으랴
차라리 청산의 흰 구름 가에서
유하주를 마주해 기울이리라.

---

163) 연 옷 : 원문은 '하의(荷衣)'로, 연잎으로 만든 옷을 말하며 은자(隱者)의 차림이다.
164) 학 수레 : 원문은 '학가(鶴駕)'로, 세자의 수레를 말한다.

四皓

次李白山人勸酒韻.

巖泉潏潏	山月皓皓
百尺長松孤鶴栖	數莖馨香有芝草
朝飡松葉暮茹芝	逸氣凌雲玉色好
避秦超然脫塵網	千樹碧桃春不老
鴻鵠在雲表	肯與鷄鶩爭
荷衣擁鶴駕	龍顔亦自驚
國本自此定	漢業終有成
歸來卧松陰	臨泉洗俗情
漢鼎幾危誰更扶	濁流千丈何能淸
不如靑山白雲邊	瀲灎流霞相對傾

용진[165] 나루를 멀리서 바라보다

높은 대에서 때때로 한껏 바라보며
세상의 시름을 말끔히 씻네.
배에는 검푸른 하늘의 달이 비치고
산과 동산은 푸른 물에 흐르는구나.
향기로운 꽃은 아침엔 이슬 머금고
바람 부는 솔숲은 밤엔 가을인 듯해라.
새하얀사 연하 너머로
오래도록 놀고 있는 사슴 떼를 찾노라.

遠望龍津渡口

高臺時極目　滌蕩世間愁
舟印靑天月　山園碧水流
花香朝浥露　松籟夜疑秋
皎皎烟霞表　長尋麋鹿遊

---

165) 용진(龍津) : 북한강과 남한강이 합수하는 곳인 현재 양수리(兩水里)의 옛 이름으로 부근에 수종사(水鍾寺)가 있었다.

정양166)의 천일대

나에겐 숨어 사는 곳 있으니
정양의 천일봉이라.
가을 하늘에 둥근 달 하나
큰 바람 온 골짜기 솔숲에 부네.
아름다운 풀들 초록빛으로 우거지니
캐어 먹으며 지친 나그네 붙드네.
생학(笙鶴)이 날아와 맞이하는 곳이라
구름 너머로 푸른 용을 탄다오.

正陽天一臺

我有栖隱處　正陽天一峯
秋天一輪月　長風萬壑松
瑤草綠萋萋　採食駐衰客
笙鶴來迎處　雲外駕靑龍

---

166) 정양(正陽) : 강원도 금강군 내강리에 있는 조선 시대의 사찰인 정양사(正陽寺)를 이른다. 천일대(天一臺)는 정양사 앞 기슭에 있다.

강가에 임하다

애석타 저 봄빛도 지니
사랑할사 이 돌 위로 흐르는 맑은 샘이여.
꽃이 져 동쪽으로 흐르는 물에 가득하거든
뉘라서 시인의 마음을 알랴.
달 뜬 산을 서성이며
노래 부르다 솔바람 소리 듣노라.

臨川

惜彼春色暮　愛此石泉淸
落花滿東流　誰知騷客情
徘個月出山　嘯歌聽松聲

봄을 찾다

아침에 흰 구름 머문 다리를 건너니
그 자취 속세와 떨어졌네.
청산은 봄이 벌써 저물고
물빛은 맑아 텅 비었어라.
꽃은 떨어져 물결 따라 흐르는데
나그네 가만히 물고기를 보네.
크게 노래 불러도 세상은 알아주지 않아
달과 짝해서 홀로 초가로 돌아가네.

尋春

朝渡白雲橋　迹與塵世疎
靑山春已暮　水色淡淸虛
落花隨逝波　遊人坐玩魚
長歌世不知　伴月獨歸廬

금을 타다

역양167)의 마른 오동나무168) 타고 나니
서늘한 둥근 달이 먼 하늘에 오르네.
양춘곡169)을 뉘라서 다시 화답하리오.
금단170)은 이미 약로 속에서 정제되었네.
싸락눈을 먹어 얼굴은 꽃과 같고
햇빛을 들이마시며 차가운 바람을 타노라.
찬바람에 우의171)를 나부끼며
요지172)로 가지 않으면 장차 어디로 갈꼬.

---

167) 역양(嶧陽) : 역산(嶧山)의 양지바른 곳을 뜻하며, 이곳에는 특이한 오동나무가 매우 많다고 한다. ≪서경(書經)≫ <진서(夏書)·우공(禹貢)>
168) 오동나무 : 원문은 '고동(枯桐)'으로, 금을 가리킨다.
169) 양춘곡(陽春曲) : 전국 시대 초나라의 가곡 이름이다. 초나라의 가곡 중에 양춘(陽春)과 백설(白雪) 두 가곡은 곡조가 매우 고상해 화답하는 사람이 아주 드물었으므로, 곧 뛰어난 시가를 뜻한다.
170) 금단(金丹) : 선인(仙人)이 복용하는 불로불사약을 말한다.
171) 우의(羽衣) : 새털로 짜서 만든 도가의 옷이다.
172) 요지(瑤池) : 고대 전설 속 곤륜산에 있는 못 이름이다.

彈琴

彈罷嶧陽之枯桐　一輪涼月上遙空
陽春一曲誰更和　金丹已鍊藥爐中
飧霓顏似花　　　吸日御冷風
冷風舞羽衣　　　不向瑤池將何歸

도연명의 시에 화운하다

나는 속세에 얽힌 바 없이
홀로 녹기금173)만 어루만지네.
청산에 흰 구름 일고
물은 흘러 저 혼자 가락을 이루노라.
서늘할사 일곱 개 현 위에서
옛 뜻을 뉘라서 찾을 수 있으랴.
목소리 높여 노래 불러도 사람들 알아주지 않고
혼자 마시고 다시 혼자 잔질하네.
가난을 편히 여기는 것도 즐거움이 넉넉하니
복성174)은 내가 흠모하는 바라네.

---

173) 녹기금(綠綺琴) : 한(漢)나라 사마상여(司馬相如)가 양왕(梁王)에게 하사받았다는 좋은 금을 말한다. 주 65 참조.
174) 복성(復聖) : 공자의 수제자(首弟子)인 안회(顔回, BC 521~BC 490)를 가리킨다. 원(元) 문종(文宗) 지순(至順) 원년(1330)에 안회에게 연국복성공(兗國復聖公)이라는 봉작을 내렸다. 학덕이 뛰어나고 덕행이 첫째여서 아성(亞聖)으로도 부르며 가난을 괴롭게 여기지 않았고 무슨 일에도 성내지 않았다고 한다.

적막 속에 스치는 솔바람 소리에
그윽할사 천고의 마음이여.

和陶詩

我無塵世嬰　獨撫綠綺琴
靑山生白雲　流水自成音
冷冷七絃上　古意誰能尋
高歌人不知　獨飮還獨斟
安貧有餘樂　復聖我所欽
寂歷松風聲　悠悠千古心

<영형경(詠荊卿)175)>에 화운하다

하늘은 즐겨 살인하는 것을 미워해
대명은 이미 영씨176)를 끊었네.
사방 천 리로도 왕 노릇 하기 충분하고
일개 사(士)도 경(卿)이 될 수 있다네.
연나라 군대는 천하에 정병이라
진나라 수도를 밟을 수 있었지.
어찌하여 태자는 어리석게도
헛되이 협객을 보내었는가.
빗자루 끼고 푸줏간 사이에 있더니
그 영화 벼슬아치에 으뜸이라.

---

175) 형경(荊卿) : 형경(荊卿)은 곧 전국 시대 위(衛)나라의 자객 형가(荊軻)다. 연(燕)나라에 들어가 상객(上客)이 되어 연 태자(燕太子) 단(丹)의 명을 받들고 진시황(秦始皇)을 척살(刺殺)하려고 역수(易水)를 건너면서 "바람이 쓸쓸함이여! 역수가 차갑구나. 장사(壯士)가 한 번 떠남이여! 돌아오지 못하리로다(風蕭蕭兮易水寒 壯士一去兮不復還)"라고 했다.
176) 영씨 : 영(嬴)이라는 말은 진(秦)나라 혹은 진왕(秦王)의 대칭(代稱)으로 쓰였다.

소리 높여 노래 불러 호기를 드날리고
당세의 영웅들을 낮추어 보았네.
신검(神劍)은 하늘의 구름도 가르고
칼집은 교룡처럼 울어 대누나.
음기 어린 무지개는 태양을 핍박하고
하늘의 뜻은 창생을 가여워했지.
가벼운 몸 옷을 떨치고 떠나가니
역수의 서러운 바람에 깜짝 놀라라.
어이 알았으랴. 사직은 빈 언덕이 되고
기약은 죽은 뒤에 이름이 될 줄을.
미친 마음 먼저 낯빛을 바꾸고
겁에 질려 궁궐을 종종 걸었지.
미적대다 자신은 죽임을 당하고
날카로운 창끝은 연나라 성을 도륙했네.
자애로운 부모는 자식의 머리 잃었으니
무슨 일이든 어이 경영하리오.
선생을 얻어도 그저 화만 재촉하니
도와 이끈들 끝내 무엇을 이루랴.
서럽게 황금대를 바라보다
현인[177]을 떠올리니 내 마음 한량없네.

和詠荊卿

皇天厭嗜殺	大命已絶嬴
千里亦足王	一士可爲卿
燕兵天下精	可期蹴秦京
如何太子愚	浪得俠客行
擁篲屠肆間	榮寵冠簪纓
高歌激豪氣	眇視當世英
神劒決浮雲	匣有蛟龍聲
陰虹逼太陽	天意憐蒼生
輕身拂衣去	易水悲風驚
那知社稷墟	期成身後名
狂心先變色	惴惴趨彤庭
趙趄獨被戮	利戟屠燕城
慈父斷子元	萬事何經營
得師徒速禍	補導竟何成
悵望黃金臺	懷賢無限情

---

177) 현인 : 여기서는 위(衛)나라의 자객 형가(荊軻)를 가리키는 듯하다.

우연히 읊다

3월이라 양화진에서
동정춘[178] 한잔 걸치노라.
뜬구름 같은 이 신세 꿈속처럼 덧없고
세상엔 지음(知音)이 없어 시름만 새로울시고.
날 밝으면 껄껄 웃고 옷을 떨치고 떠나
늙도록 낚싯줄 맑은 위수에 드리우리라.

偶吟

三月楊花渡　　一杯洞庭春
浮雲身世一夢空　世無知音愁思新
明朝大咲拂衣去　終老垂綸淸渭濱

---

178) 동정춘 : 물을 첨가하지 않고 백미와 누룩을 섞어 발효시켜 빚은 술을 가리킨다.

물가 초가집에서

대 울은 맑고 깨끗하게 호숫가를 둘렀고
버들 빛 들쭉날쭉한 곳 꽃배[179]를 매었어라.
문득 봄에 금륜(金輪)이 물 밑에서 떠오르니
그제야 서늘한 달 중천에 올랐는지 아네.

水邊茅屋

竹籬蕭洒繞湖邊　柳色參差泊彩船
忽見金輪浮水底　始知涼月上中天

---

179) 꽃배(彩船) : 채색 비단 · 색종이 · 초롱 등으로 장식한 배다.

벗을 찾아가다

천 겹으로 늘어선 산봉우리 새로 검을 뽑아 들고
백 척의 폭포는 돌다리를 건드리네.
선인의 집은 흰 구름 너머에 있거니
술병 들고 찾아가며 불러 주길 기다리지 않네.

訪友

千層列出抽新劒　百尺懸流觸石橋
仙家住在白雲外　携酒相尋不待招

배꽃에 앉은 제비

좋은 날 벌써 지나 뭇꽃들 졌는데
오직 배꽃만 남아 눈빛이 새로울시고.
제비 홀로 성근 비 끝에 날다가
문득 가지에 앉아 남은 봄을 즐기네.

梨花燕

良辰已過羣芳歇 唯有梨花雪色新
玄鳥獨飛疏雨後 却依枝上弄餘春

갈대밭의 기러기

흰 구름 천 리 너머로 날아가다
저녁 강가 그윽한 풀숲에 깃들이노라.
주살로 자주 불의(不意)에 붙잡지 말지니180)
계절 따라 지내며 본래에 무위(無爲)하다오.

蘆鴈

飛過白雲千里外　宿依幽草暮江湄
繒弋不須頻掩取　隨陽棲息本無爲

---

180) 주살로… 말지니 : ≪논어≫ <술이> 편에서 '공자께서는 낚시질은 하시되 그물질은 하지 않으셨고 주살질은 하시되 자는 새는 쏘지 않으셨다(子釣而不綱, 弋不射宿)'라고 했는데 주석에 '생물을 모두 취하거나 생각지 못한 곳(不意)에 나타나는 것은 또한 하지 않으셨다(盡物取之 出其不意 亦不爲也)'라고 했다.

매화나무 아래의 난초

매화와 난초 잎 함께 은거하길 기약하니
향기로운 덕은 눈서리 칠 때도 함께 온전하네.
밝은 달 아래 어렴풋한 그림자 너울대고
흐드러진 꽃은 모란의 자태에 유감없네.

梅下蘭

梅花蘭葉共幽期　馨德同全霜雪時
疎影婆娑明月下　繁華羞比牡丹姿

낚시터에 앉다

시냇물 찾아가니 구슬이 부서지는 듯
깨끗이 기심(機心) 잊고 석상(石床)에 앉았노라.
울긋불긋 예쁜 꽃들 봄기운 한창이라
우두커니 멀리 흰 구름 너머 고향을 바라보네.

坐石磯

行尋澗水碎琳琅　蕭洒忘機坐石床
萬紫千紅春意爛　超然遙望白雲鄕

부러진 대나무

빽빽한 대숲은 벽옥(碧玉) 같은 천 줄기로 곧으니
중간에 부러져도 변치 않는 마음 지녔어라.
비에 씻겨 고울사 푸른 잎 드리우고
맑은 바람 불어오는 곳마다 새가 우는구나.

折竹

森森碧玉千竿直　中折猶持不變心
雨洗妍妍垂綠葉　淸風來處動啼禽

강을 건너다

오래된 나무 우거져 길마다 푸르고
찬 물결은 끝이 없어 사람이 건너기 어렵네.
조각배 타고 술 사서 돌아가려 하니
버드나무 푸른 앞마을, 좋은 날도 저무네.

渡江

古木陰陰翠滿路　滄波渺渺人難渡
願上蘭舟買酒歸　柳綠前村佳節暮

바위 위에서 금을 울리다

달빛이 멀리 푸른 산봉우리로 오르고
바람과 이슬 서늘하게 온 숲을 씻노라.
좋은 벗 중 누가 금을 뜯는 마음을 알아준다면
바위 위에서 나 장차 옥금을 어루만지리.

石上鳴琴

月光遙上碧山岑　風露淒淒灑萬林
良朋誰識峨洋意　石上吾將撫玉琴

저녁 까마귀

늦가을 방주181)의 물 절로 흐르고
까마귀 떼 울음 그치자 강 하늘은 저무네.
고기잡이배 찌걱대며 뱃노래 높을사
낙엽은 쓸쓸히 고목에서 날리누나.

暮鴉

秋晚芳洲水自流　羣鴉啼盡江天暮
漁舟欸乃一聲高　落葉蕭蕭飛老樹

---

181) 방주(芳洲) : 물가를 가리킨다.

배에 누워 잠자다

소나무 그림자 들쭉날쭉 절벽에 비끼고
흰 구름 비로소 걷히니 저 멀리 산이 많구나.
외로운 배에 홀로 누워 한가로이 잠자니
때때로 맑은 바람 불어와 물결 절로 일렁이네.

臥舟眠

松影參差絶壁斜　白雲初捲遠山多
孤舟獨臥成閑睡　時有淸風水自波

저물 무렵 다리를 건너다

끝없이 넓고 맑은 냇물 앞산을 둘러싸고
철벽같이 험준한 바위 몇 자 높이로 우뚝하네.
안개 자욱한 짧은 다리 위로 홀로 돌아가는 이는
정녕 꽃마을로 들어가 벗과 바둑 두리라.

暮渡橋

澄川浩渺繞前山　鐵壁巉巖聳幾尺
短橋烟暝獨歸人　應赴花村碁友約

지족사에서 빗소리를 듣다

돌길에 바위 높게 몇 겹으로 둘러 있는데
참됨을 찾아 비로소 지팡이 하나 짚고 사네.
푸른 등불 그림자 속에서 장안을 꿈꾸고
가랑비 소리 가운데 옛 절의 종소리 들려오누나.
솔바람 금에 들어가니 맑은 소리 아득하고
꽃망울 이슬 머금으니 그윽한 향기 짙어라.
고요한 곳에서 깊은 생각에 잠기니 속된 마음 깨끗해지고
문득 바라보니 먹구름이 하얀 산봉우리를 뒤덮었네.

知足寺聽雨

石逕岩嶢繞幾重　尋眞初住一枝筇
靑燈影裏長安夢　細雨聲中古寺鍾
松籟入琴淸韻遠　花房含露暗香濃
潛思靜處塵心淨　却望陰雲鎖玉峯

잡저(雜著)

독역잡설

하늘의 체(體)는 크며 바깥이 없고 하늘의 운행은 굳세며 쉬지 않으니182) 이것이 바로 도체의 용(用)이다. 성정은 곧 건(乾)이다.183) 공용(功用)과 묘용(妙用)은 곧 성정이 드러난 것이요, 성정의 밖에 따로 공용이 존재하는 것은 아니다.

'용(龍)'은 움직이는 사물이다. 물에 잠겨 있는 것은 용이 아직 움직이지 않은 것이니 이것이 바로 그 속에 움직이려 하는 기미를 갖고 있는 것이다. 양(陽)은 비록 아래에 있지만 장차 움직이려 하는 뜻을 가지고 있으니 곧 잠룡(潛龍)184)과 마찬가지다. 그래서 용을 끌어다 양에 견준 것이

---

182) "<상전(象傳)>에 말했다. 하늘의 운행이 굳세니 군자(君子)가 보고서 스스로 힘쓰고 쉬지 않는다(象曰, 天行健, 君子以自彊不息)" [≪주역(周易)≫ <건괘(乾卦)·상전(象傳)>].
183) "공용(功用)으로써 말할 때에는 귀신(鬼神)이라 하고, 묘용(妙用, 신묘한 작용)으로써 말할 때에는 신(神)이라 하고, 성정(性情)으로써 말할 때에는 건(乾)이라 한다(以功用謂之鬼神, 以妙用謂之神, 以性情謂之乾)"(≪주역≫ <건괘·상전>).
184) "초구(初九)는 못에 잠겨 있는 용(龍)이니, 쓰지 말아야 한다(初

다.

 '종일건건(終日乾乾, 종일토록 애쓰고 노력함)'185)은 마음을 부여잡고 성찰하기를 한순간도 끊어짐이 없게 하는 것이다. 경계하고 두려워하는 마음186)이 조금이라도 끊어지는 바가 있으면 나태하고 방만하려는 욕망이 싹트니 이것이 종일건건(終日乾乾)하는 이유다. 그러나 해가 저문 뒤에는 사람의 기(氣)가 그에 따라서 조금 느슨해지니 동이 틀 무렵 지기(志氣)가 청명한 때만 못하다. 모름지기 거듭 경계하고 두려워한 뒤에라야 혈기의 나태한 마음을 누르고 의리의 바름을 주(기본)로 삼을 수 있을 것이다.

 '인(仁)은 천지 만물을 하나의 몸으로 여긴다'187)라고 하

九, 潛龍, 勿用)"(≪주역≫ <건괘·상전>).
185) "구삼은 군자가 종일토록 힘쓰고 힘써 저녁까지도 두려워하면 위태로우나 허물이 없으리라(九三, 君子終日乾乾, 夕惕若, 厲无咎)"(≪주역≫ <건괘·상전>).
186) 경계하고 두려워하는 마음(戒懼之意) : '경계하고 삼가며 조심하고 두려워하다(戒愼恐懼)'라는 뜻이다.
187) "정자가 말했다. …인자는 천지 만물과 한 몸이 되니 자기가 아닌 것이 없다(程子曰 …仁者, 以天地萬物爲一體, 莫非己也)"(≪논어≫

니, 이는 바로 정자(程子)의 말인데, 횡거(橫渠)[188]의 ≪서명(西銘)≫에서 '몸을 함께한다'[189]라고 하는 것과 더불어 어떤 심오한 뜻을 갖고 있는 것인가. 사람과 사물이 낳고 낳아 쉬지 않는 것은 천지가 삶을 좋아하는 이(理)가 아닌 것이 없다. 이 이(理)는 사람에게는 인(仁)이 되니 설령 사람과 사물이 나뉘고 가깝고 성근 차이는 있다 해도 그 하나인 이(理)가 꿰어 끊어짐이 없는 것이 진정 인(仁)의 대체인 것이다.

'자강불식(自強不息, 스스로 힘써 쉬지 않음)'은 곧 군자가 천(天)을 체득하고 도(道)를 배운다는 뜻이다. 대개 나면서 알고 편안히 행하는 사람 이외에는 모름지기 힘써 부지런히 해서 체득해야 할 것이요, 다른 사람이 경계하기를 기다리지 않아야 절로 나아가 닦는 보탬이 있을 것이다. 태만하고 불경한 욕망이 들면 공경으로 그것을 누르고 어둡고 미혹된 생각이 나면 사색으로 그것을 밝히며 음일하고 간사

<옹야>).
188) 횡거(橫渠) : 중국 송(宋)나라 때 유학자 장재(張載)의 호다.
189) "모든 백성은 나의 형제이고 만물은 나와 같이한다(民吾同胞, 物吾與也)[≪서명(西銘)≫].

함이 싹트면 이치로 그것을 막는다. 이것이 바로 자강의 도다.

반드시 몸소 부지런히 해서 그것을 익히고 익혀서 점차 변화하는 데 이르며 변화해서 끝내 쉬지 않는 데 다다르면 곧 도가 이루어지고 덕이 세워지는 것은 여기에 달려 있다.

'혹약재연(或躍在淵, 혹 뛰어오르거나 연못에 있음)'[190]은 나아가기 어렵다는 뜻이다. '영불가구(盈不可久, 가득한 것은 오래갈 수 없다)'[191]는 공이 이루어지면 물러서기 쉬운 도(道)다.

인(仁)을 근본으로 삼고 예(禮)로써 실행하며 의(義)를 주인으로 삼고 정(貞)으로써 지키니, 이것이 네 가지 덕의 체용이 되는 도다.

---

190) "구사는 혹 뛰어오르거나 연못에 있으면 허물이 없으리라(九四, 或躍在淵, 无咎)"(≪주역≫ <건괘·상전>).
191) "끝까지 올라간 용이니, 뉘우침이 있다는 것은 가득함은 오래갈 수 없다는 뜻이다(亢龍有悔, 盈不可久也)"(≪주역≫ <건괘·상전>).

사람이 일을 처리하는 데 지혜로써 그 뜻을 밝히고 올바름으로써 그 단서를 착하게 만들며 굳게 그 도를 지킨 뒤에라야 처음부터 끝까지 어긋남이 없을 수 있다.

군자의 행실은 아주 작은 데로부터 환히 드러나게 된다. 평소 거처할 때에 말은 반드시 조심하고 행실은 반드시 삼간 뒤에야 정사를 베풀고 그것을 미루어 세상을 착하게 만드는 교화[192]를 행할 수 있다. 마음에서 싹트는 욕망을 막고 바깥으로 피어나는 행실을 삼가니 이것이 안과 밖이 서로 길러 주는 도다. ('욕(欲)' 자는 마땅히 '언(言)' 자로 써야 한다.)

사람 가운데 밝게 아는 자라도 더러 그 처음은 보되 그 끝은 보지 못하는 사람이 있다. 대개 앎을 참되게 가질 수 없었

---

192) "세상을 좋게 하고도 자신의 공로를 자랑하지 않으며, 덕(德)이 넓어 교화하는 자이니, 역(易)에 이르기를 '나타난 용(龍)이 밭에 있으니 대인(大人)을 만나 봄이 이롭다'고 했으니, 이는 군주의 덕(德)이다(善世而不伐, 德博而化, 易曰見龍在田利見大人, 君德也)"[≪주역≫, <건괘·문언전(文言傳)>].

기 때문이다. 만일 생각할 수 있고 생각해서 투철한 경계에 이른다면 처음도 알고 끝도 알 수 있을 것이다. 처음과 끝을 꿰고 끝과 안을 뚫는 것이 바로 앎에 이르는 도다. 그렇다면 끝을 아는 의리는 처음을 아는 것보다 더욱 중요하다.

배워서 모으고 물어서 분변하며 너그럽게 거처하고 어질게 실행하는 것193)은 중용에서 배우고 묻고 생각하고 분변하고 행함194)과 일치해 귀결점을 함께한다. 배우고 묻고 난 뒤에 어김없이 삼가며 생각함이 정밀해진 뒤에라야 의리의 올바름을 얻을 수 있다. 행실이 독실해 끊어짐이 없고 어질어 사사로이 여기는 마음이 없고 너그러워 서두르거나 다그치는 마음이 없고 난 뒤에야 덕성이 혼연해 자연스럽게 이루어질 것이다.

---

193) "군자(君子)가 배워서 지식을 모으고 물어서 분변(分辨)하며 너그러움으로 거하고 인(仁)으로써 행하나니, 역(易)에 이르기를 '나타난 용(龍)이 밭에 있으니 대인(大人)을 만나 봄이 이롭다'고 하니, 이는 인군(人君)의 덕(德)인 것이다(君子學以聚之, 問以辨之, 寬以居之, 仁以行之, 易曰見龍在田利見大人, 君德也)"(≪주역≫ <건괘·문언전>).
194) "널리 배우고, 자세히 물으며, 신중히 생각하고, 밝게 분변하며, 독실히 행해야 한다(博學之, 審問之, 愼思之, 明辨之, 篤行之)"(≪중용≫).

선유들은 '경(敬)'과 '의(義)'와 '사물(四勿)'[195]로 세상의 학문을 나누었다. 그러나 내가 생각해 보니 대개 경(敬)과 의(義)와 사물(四勿)은 하나의 몸으로 귀결을 함께한다. 반드시 고요할 때에는 경으로써 안을 곧게 하는 공부를 둔 뒤에라야 사물에 부응할 때에 예가 아닌 것을 보거나 듣지 않을 수 있다. 움직일 때에는 의(義)를 주로 삼은 뒤에라야 예가 아닌 말이나 행동을 지니지 않을 수 있다. 바깥으로부터 서로 닦아 움직이거나 고요할 때에 서로 길러주는 법도가 진실로 여기에 있다.

讀易雜說

天體大而無外, 天行健而不息, 是乃道體之用也. 性情卽是乾也. 功用妙用, 乃性情之著見者也. 非於性情之外別有功

---

195) 사물(四勿) : 공자(孔子)가 안연(顏淵)에게 가르친, 예(禮)에 따라 경계해야 될 네 가지 조목을 말한다. ≪논어≫ <안연> 편에서 나온 것으로 공자가 말한 극기복례(克己復禮)에 대해 안연이 그 상세한 조목을 묻자, 공자가 '예가 아니면 보지 말며, 예가 아니면 듣지 말며, 예가 아니면 말하지 말며, 예가 아니면 움직이지 말라(非禮勿視 非禮勿聽 非禮勿言 非禮勿動)'라고 해서 이로써 사사로움을 이길 것을 밝혔다.

用也.

龍者, 動物也, 潛則未動, 是乃不動之中自有欲動之幾也. 陽雖在下, 其有將動之意, 則與潛龍一也. 引而比之.

終日乾乾者, 操心省念, 無一息之間斷者也. 戒懼之意少有所間, 則怠慢之欲萌動, 此終日乾乾者也. 然於日暮之後, 人氣從而少倦, 不如平朝志氣淸明之際也. 必須更加警惕, 然後可以勝血氣之懈念, 主於義理之正矣.

仁者以天地萬物爲一體, 此乃程子之語, 而與橫渠西銘同體也, 有何太深之意耶? 人物之生生不息者, 莫非天地好生之理也. 此理在於人而爲仁, 雖有人物之分, 親踈之異, 而其一理通貫無間者, 固是仁之大體也.

自強不息者, 乃君子體天學道之義也. 蓋生知安行之外, 必須勉強而得之, 不待他人之戒, 而自有進修之益矣. 怠惰之欲, 敬而勝之, 昏罔之思, 思以明之, 淫邪之萌, 理以防之, 此乃自強之道也.

必自強而習之, 習而漸至於化, 化而終至於不息, 則道成德立, 其在於是矣.

或躍在淵, 難進之義也. 盈不可久者, 功成易退之道也.

仁以爲本而禮以行之, 義以爲主而貞以守之, 此四德體用之道也.

人之處事也, 知以明其義, 正以善其端, 固而守其道, 然後可以終始無差矣.

君子之行, 由微而至著, 平居之時, 欲必愼行必謹, 然後可以施於爲政, 推而爲善世之化矣. 萌於心者閑之, 發於外者謹之, 此內外交相養之道也, (欲當作言)

人之明知者, 或有能見其始而不見其終者, 皆不能眞知之故也. 苟能思之, 思之以造透徹之域, 則可以知始知終矣. 貫終始徹表裏者, 乃致知之道也. 然則知終之義, 尤重於知始者也.

學聚問辨, 寬居仁行, 與中庸學問思辨行者, 一致同歸. 學問之後, 必有愼思之精, 然後可以得義理之正矣. 行之也篤, 可以無間斷, 而仁無私若, 寬無急迫, 然後德性渾然天成矣.

先儒以敬義四勿, 分爲乾坤學問, 然以余思之, 盖一體同歸者也. 必於靜時有敬直之工, 然後應物之際, 可以勿視聽非禮矣. 動時主於義, 然後可以無非禮之言動矣. 由外交修, 動靜相養之法, 實在於斯矣.

부록(附錄)

지

최유해(崔有海)

　선군께서 불행하게도 일찍 세상을 떠나셔서 지으신 시문이 흩어져 거의 없어졌다. 내가 소리쳐 울면서 시문을 찾으니 숙부가 50여 편을 외우며 나로 하여금 옮겨 적도록 하되 늘 말씀하시길 '산인(스님) 성준이 일찍이 네 아비를 양산사에서 따르면서 시문을 초록했는데 지금 그것이 남아 있는지 없어졌는지를 모르겠다'라고 하셨다. 내가 항상 간절히 마음에 담아 두며 널리 찾았다. 언젠가 양주에 있을 때 김개라고 하는 사람이 찾아와서는 자신이 성준이라고 하며 하산한 지 이미 오래되었다면서 소매에서 선군의 시들과 역설 약간 조목을 꺼내어 주면서 태반은 이미 전쟁 통에 잃어버렸다고 했다. 내가 공손히 읽고는 피눈물을 흘리며 숙부에게 여쭈어 보니 숙부께서 말씀하시길 '과연 네 아비가 지은 것이다'라고 하셨다. 하지만 옮겨 적은 것이 오류가 많아 곧장 그것을 모두 바로잡았다. 내가 일찍이 세상에 전하는 작품을 김현성 선생에게 선사(繕寫)하기를 요청해 간행한 지 여러 해였다. 이제 뒤좇아 구한 것을 이홍주 상공(相公)에게 선사를 부탁해 합쳐 간행해서 하나의 책으로 만들었다. 명필은 정녕 썩지 않으리니 영원히 사모하는 나의 마음을 거기에 의탁하노라. 숭정 병자년(1636, 인조 14년) 봄에 불초 소생 유해는 기록하노라.

志

　先君子不幸早世, 所著詩文, 散逸殆盡. 不肖號泣以求, 叔父口誦五十餘篇, 使之繕寫, 而常言山人性俊, 曾隨汝父于陽山寺, 抄錄詩文, 今不知存歿云. 不肖常切思想而廣問之. 昔在楊州, 有金漑者來見, 自稱性俊, 下山已久, 袖出先君子詩什易說若干條以示, 太半則已失於兵燹云. 不肖莊讀泣血, 質諸叔父, 則曰果是汝父之所述. 而傳寫多差, 卽並正之. 不肖曾以世所傳誦者, 請筆於金先生玄成, 刊布有年. 今以追得者, 倩書於李相公弘胄, 合刊爲一部. 名筆足以不朽, 庶託終天之慕云. 崇禎丙子春, 不肖孤有海志.

양포 묘갈명

백사(白沙) 이(李) 상공(相公) 항복(恒福)196) 찬(撰)

옛날에 우리 선조께서 서교에서 대규모로 군대를 검열할 때 내가 가서 보았는데 해가 저물자 보는 것을 그쳤다. 이웃집에 놀러 갔더니 앞서 관동 수십 명이 와 있었는데 입고 있는 옷들이 자리에 걸맞지 않았다. 마침 그 틈에서 한 소생을 보았는데 봉안197)이 별처럼 빛나고 인품이 침중하고 조용했다. 그가 반열에서 나와 나에게 읍을 하자, 동행한 자들이 모두 곁눈질했다. 잠시 이야기를 할 때는 시선을 낮추고 말을 천천히 해 마치 도(道)가 있는 사람 같았다. 내가 속으로

---

196) 항복 : 이항복(李恒福, 1556~1618). 본관은 경주(慶州)로, 자는 자상(子常)이고, 호는 백사(白沙)·필운(弼雲)·청화진인(淸化眞人)·동강(東岡)·소운(素雲)이다. 좌의정, 영의정을 지냈고, 오성부원군에 진봉되었다. 임진왜란 때 선조의 신임을 받았으며, 전란 후에는 수습책에 힘썼다.
197) 봉안(鳳眼) : 봉황의 눈같이 가늘고 길며 눈초리가 위로 째지고 붉은 기운이 있는 눈으로, 귀상(貴相)으로 여긴다.

이상하게 여겨 그의 팔을 잡고 누구냐고 물으니, 친구가 말하길 "그대는 알지 못하는가? 이 사람은 세상에서 신동으로 일컫는 최씨의 아들 전이네"라고 했다. 9세에 집을 떠나 해주(海州)에 유학해 율곡을 따라 시사(詩史)를 수학했는데, 글씨는 회소[198]를 좇고, 시는 이백과 유사하며 여사(餘事)로 음률을 하고, 그림 그리는 일에도 두루 통달했다네. 금・노래・피리・젓대의 연주와 매화・대・갈대・기러기의 묘사 등 모든 곡예가 진실로 그 지극함에 이르러 점차 옛 작자의 유운(遺韻)을 지니게 되었으니, 훗날 우리에게 베풀어 천하의 연맹을 주관할 사람이 여기에 있네"라고 했다. 다음 해인 을유년(1585)에 진사가 되었다고 들었는데 5년 뒤인 기축년(1589) 겨울에 어떤 사람이 부고를 전해 왔으니 나는 슬퍼서 아무 생각도 나지 않았고 마치 깊은 못에 장주(掌珠)[199]를 떨어뜨린 것 같았다.

  22년 뒤에 그의 맏아들 유해가 그 가장(家狀)[200]을 가지

---

198) 회소(懷素) : 당(唐)나라 때의 고승(高僧)인데, 특히 초서(草書)에 뛰어났다.
199) 장주(掌珠) : 아끼고 사랑하는 사람을 비유하는 말로 쓴다. 부모에게 지극히 사랑받는 아이를 가리키는 뜻으로도 많이 쓴다.
200) 가장(家狀) : 조상의 행적(行蹟)에 관한 기록이나 조상의 행장(行

고 와서 나에게 보여 주었다.201) 가장을 살펴보니, 최씨(崔氏)는 해주에서 나와 망족(望族)202)이 되었는데, 고려 때 문헌공(文憲公) 충(沖)은 작위가 총재(冢宰)에 이르렀고 구재(九齋)203)를 설치해 당시의 명류들이 모두 구재에 이르렀다. 당시 문헌공(文憲公)의 무리를 일컬어 동방의 학문이 모두 충(沖)으로부터 시작되었다고 하며 해동공자(海東孔子)라고 말하기에 이르렀다. 그 후로 휘 정(埥)은 졸함에 벼슬이 예조 좌랑이었는데, 사헌부감찰인 휘 문손(文孫)을 낳았고, 문손은 훈련원도정(訓鍊院都正)으로 병조판서에 추증된 휘 경(瓊)을 낳았으며, 경은 위원군수(渭原郡守)인 휘 여

狀)을 뜻한다.
201) 보여 주었다 : 원문은 '축취(逐臭)'다. 옛날에 몸에서 심한 악취가 나는 사람이 있어 친척과 형제, 처첩들이 피해 다니자 괴로워하면서 홀로 바닷가에서 살았는데, 어떤 사람이 그의 냄새를 좋아해 밤낮으로 떠나지 않고 따라다녔다는 고사가 있다[≪여람(呂覽) 우합(遇合)≫].
202) 망족(望族) : 명망이 있는 집안을 가리킨다.
203) 구재(九齋) : 고려 시대 최충(崔沖)이 설립한 사학(私學)으로 최충이 문하시중을 거쳐 1055년(문종 9) 나이 71세로 내사령(內史令)을 그만두고 사학을 설치해 후진을 양성하자 많은 학생들이 모여들어 아홉 개 반으로 나누어 가르쳤다고 한다. 일명 구재학당(九齋學堂) 또는 최공도(崔公徒)라 했고, 최충이 죽은 뒤에는 문헌공도(文憲公徒)라 했다.

우(汝雨)를 낳았고, 여우는 충의위(忠義衛) 이봉년(李鳳年)의 딸에게 장가들어 융경(隆慶) 무진년에 군(君)을 낳았다. 군은 신령한 싹이 이미 빼어났다. 순수하게 그 빛을 내는 것이 마치 밝은 달이 광채를 떨치는 것 같았다. 6세에 고아가 되었으나 능히 스스로 우뚝 선 바가 있었다. 가인(家人)이 닭을 잡을 적에 그 소리를 듣고는 측은하게 여겨 물리치고 먹지 않았다. 가형(家兄)이 학문을 권하면서 학문에 힘쓰지 않는다고 종아리를 치려고 할 적에는 언제나 스스로 회초리를 올려 공손하게 벌을 받았고, 형이 죽음에 미쳐서는 수척한 모습으로 소리 없이 눈물을 흘리며 예에 지나치게 심상(心喪)[204]해 그 유고를 어루만지며 한집에서 거처해 역경과 격몽요결을 스스로 쓰며 가르침을 게을리하지 않았다.

14세에 공시에 합격했고 과거[205]에 응시했을 때에는 율곡이 고관(考官)이 되었으므로 율곡과 사제 관계인 것을 꺼려 시를 지어 놓고도 끝내 올리지 않았으니 들은 이들이 은덕(隱德)이 있음을 더욱 알게 되었다. 17세에 자형의 상을 치르는데 일 처리가 빈틈이 없으니 조문하는 자들이 기특하

---

204) 심상(心喪) : 상복은 입지 않으나 상제와 같은 마음으로 말과 행동을 삼가고 조심함을 이른다.
205) 과거 : 원문은 '예위(禮闈)'로, 과거 시험을 말한다.

게 여겼다. 장성해서는 덕량이 혼후해 기쁘고 성난 기색을 내지 않았으며 우뚝하게 도(道)를 지향하는 뜻이 있었다. 일찍이 말하길 "문장을 전공함은 마땅히 대가(大家)가 되어야 하고 도를 배움은 마땅히 진전(眞傳)206)이 되어야 한다"라고 했다. 마침내 몸을 씻고 뜻을 삼가 지나친 말을 두 번 하지 않았다. 여러 사람들이 모인 자리에 있을 때에는 남들과 어울리지 않는 모습을 보이지 않았으니 처자들이 마치 엄한 손님같이 공경함으로써 힘써 따랐다. 일찍이 심의(深衣)207)와 복건(幅巾)을 만들어 입고서 한가로이 있을 적에도 항상 공경해 속된 습관을 닦아 없애고, 경서(經書)의 뜻을 분석하고 학습의 의향을 변별했으며, 혹은 팔을 베고 선잠을 자기도 하고 혹은 밤새도록 조용히 앉아 있기도 했으니, 처자식들이 일찍이 게으른 모습을 보지 못했다. 일찍이 외읍에서 장인을 따랐는데 읍이 크고 땅이 기름졌으며 백공이 모두 갖추어져 있었다. 군은 어찌하는지 한 번도 물음이 없이 소쇄208)하게 있을 뿐이었다. 매번 말하기를 하나의 일을 만나

---

206) 진전(眞傳) : 정통(正統)에서 정통(正統)으로 서로 전함을 이른다.
207) 심의(深衣) : 신분이 높은 선비가 입던 웃옷. 대개 흰 베로 두루마기 모양으로 만드는데 소매를 넓게 하고 검은 비단으로 가를 둘렀다.

면 반드시 한 모서리를 들어 세 모서리를 반증하라고 했다. 그러므로 여러 번 어긋남을 면할 수 있었다.

율곡은 일찍이 군의 천품이 초탁(超卓)함은 훗날 나아갈 바를 헤아릴 수가 없다고 기록했다. 그가 선배들에게 칭해짐이 이와 같았다. 마음으로 고인(古人) 구족(九族)209)과 동거하는 즐거움을 사모했다. 의전(義田)210)과 제전(祭田)211)의 제도를 일찍이 시행하고자 했으나 성취하지는 못했다. 그 친구가 일찍이 말하길 최전과 더불어 같은 곳에서 오랜 시일을 보냈는데 음악과 여색에 관련된 이야기는 한 가지도 듣지 못했다고 한다. 자신을 신칙하기가 엄정한 것이 대개 이러했다. 군이 작고하던 해에는 문경(聞慶)의 양산사(陽山寺)에 들어가 문을 닫고 깊이 들어앉아서 밤잠을 자지 않고 ≪주역(周易)≫을 읽다가 이로 인해 병을 얻었다. 손수 주자서(朱子書)를 썼으며, '가부좌를 틀고 정좌해 묵묵히 코끝을

---

208) 소쇄(蕭洒) : 맑고 고아해 탈속한 모양을 이른다.
209) 고인(古人) 구족(九族) : 자기를 중심으로 해서 9대(代)에 걸친 친족(親族)들을 의미한다.
210) 의전(義田) : 가난한 일가를 위해 마련한 땅을 가리킨다.
211) 제전(祭田) : 조상의 제사를 받들기 위해 설정한 위토(位土)를 말한다.

바라보며 잡념을 없애면 가히 병을 고칠 만하다'라는 등의 말로 조련을 하고자 했으나 마침내 일어나지 못했으니, 나이 겨우 22세였다. 아, 짧도다. 하늘이 군에게 수년(數年)만 더 빌려 주어, 의(義)가 더욱 정밀해지고 인(仁)이 더욱 익숙해지게 되었다면 그 수립한 바가 어떠했겠는가.

군의 자는 언침(彦沈)이고 자호는 양포(楊浦)다. 아내 고령 신씨(高靈申氏)는 군수 홍점(鴻漸)의 딸이고 낙봉 선생(駱峯先生) 광한(光漢)의 증손으로 군과 동년생(同年生)인데, 어려서부터 총명해 ≪소학(小學)≫ 등의 글을 꽤 알았다. 성품이 지극히 어질어 살아 있는 소를 보고는 그 고기를 차마 먹지 못했다. 이미 미망인(未亡人)으로 자처해 머리를 깎고 죽만 마시다가 죽었으니 이해는 계사년 12월이었다. 양주(楊州)의 감파(紺坡)에 장사 지냈다. 군은 처음에는 용진(龍津)에 장사 지냈다가 무신년 10월에 감파로 이장(移葬)했다. 아들이 하나 있는데, 바로 나를 따라다니는 사람으로서 그 또한 유술(儒術)을 좋아하니, 하늘이 장차 이로써 보상을 하려는가. 다음과 같이 명한다.

가지고 있으면서도 베풀지 못하는 자는 있으나 가진 것이 없고도 능히 베푸는 자는 없으니 가진 것도 없이 망령되게 베푸는 것은 재앙이고, 가지고 있어 능히 베푸는 것은 마땅하다. 아! 최 군이 가진 것은 하늘이 장차 큰일을 하려는 듯했는데 여기에 그치고 말았으니 끝내 이를 누구에게 돌릴까.

楊浦墓碣銘

昔我昭敬大王大閱于西郊, 余往觀焉, 日旰, 觀止矣. 行遊隣舍, 先有冠童數十人, 遊服離坐. 適見行間一小生, 鳳眼星煜, 德宇淵停. 出班而揖余, 同行者睥睨. 語移時, 視下言徐, 如類有道者. 余心異之, 肘之問誰, 友人曰, "子不識耶, 是世所稱神童崔氏子澱也. 夫夫九歲辭家, 負笈海州, 從栗谷受詩史, 筆追懷素, 詩類靑蓮, 餘事音律, 旁通繪事. 琴嘯笙笛之戱, 梅竹蘆鴈之妙, 凡諸曲藝, 允臻其極, 駸駸乎有古作者遺韻, 異時張吾輩而主夏盟者, 將在於斯." 明年乙酉, 聞成進士, 後五年己丑冬, 人以訃告, 余愴焉失圖, 若掌珠之墜于淵也.

又後二十有二年, 其胤子有海, 以其家狀遂臭於老夫. 按狀, 崔出海州, 爲望族, 高麗文憲公沖, 位冢宰設九齋, 一時名流咸詣九齋. 時稱文憲公徒, 東方之學, 盖由沖始, 至謂海東孔子. 其後有諱埥, 卒官禮曹佐郞, 生諱文孫, 司憲府監察, 生諱瓊, 訓鍊院都正, 贈兵曹判書, 生諱汝雨, 渭原郡守, 娶忠義衛李鳳年女, 以隆慶戊辰生君.

靈苗旣秀, 粹乎其生色也, 若皓月之揚輝. 六歲而孤, 能自嶷嶷有立. 家人殺雞, 聞其聲, 惻然却不食. 家兄勸學, 挾其不勉, 輒自進夏楚, 受罰唯謹, 及兄之亡, 瘠色洵涕, 越禮心喪, 撫其遺孤, 同室而居, 自寫易經擊蒙, 訓誨不怠.

十四中貢試, 及入禮圍則栗谷爲考官, 心以師生爲嫌, 詩成而竟不薦, 聞者益知有隱德焉. 十七, 治姊夫之喪, 事無闕漏, 吊者異之. 及長, 德量渾厚, 不色喜慍, 傑然有向道之志. 甞曰, "攻文當作大家, 學道當作眞傳." 遂澡身飭志, 過言不再. 羣居稠坐, 不見崖岸, 閨門如嚴賓, 厮率以敬. 甞製深衣幅巾, 燕處欽欽, 刮磨俗習, 離經辨志, 或曲肱假寐, 或通宵靜坐, 妻孥未甞見惰容. 甞從聘氏於外邑, 邑大而饒, 百工咸備, 君一無問何, 蕭洒而已. 每言遇有一事, 必以三隅反之. 故庶免差謬耳.

栗谷甞記君天資超卓, 他日所就不可量也. 其見稱於先輩如此. 心慕古人九族同居之樂. 義田祭田之制, 甞欲遵行而未就. 其友人甞言與崔澱同處日久, 一不聞聲色之談. 自治之嚴, 蓋此類也. 其卒之年, 入聞慶陽山寺, 閑戶深居, 課更讀易, 因以成疾, 手書朱子跏趺靜坐, 默視鼻端, 不用雜慮, 可以治疾等語, 以資調鍊, 遂不起, 得年二十有二. 吁短哉. 幸而天假君數年, 使義益精仁益熟, 則其所樹立何如也.

君字彥沈, 自號楊浦. 配高靈申氏, 郡守鴻漸之女, 駱峯先生光漢之曾孫, 與君同年生, 少聰慧, 頗識小學等書. 性至仁, 見牛之生, 不忍食其肉. 旣以未亡自居, 斷髮溢糜終焉. 是歲癸巳十二月也. 葬在楊州紺坡. 君初葬龍津, 戊申十月, 移葬于紺坡. 有一子, 卽逐臭者, 亦嗜儒, 天將以是償之耶. 銘曰, 有有之而不施者, 無無之而能施者, 無而妄施者災也, 有而能施者宜也. 嗚呼, 崔君之有, 天若將以有爲也, 其止於斯者, 竟歸之誰歟.

만사

이정귀(李廷龜)

내 벗이 이젠 없으니
까닭 없이 꿈에서 그를 보네.
무단히도 영결하는 말을 찾았지만
그저 송행시(送行詩)만 적노라.
완연할사 용사(龍蛇) 같은 글씨요,
삼삼할사 옥설(玉雪) 같은 자태로다.
청산에 흙 한 줌이러니
허옇게 센 머리로 눈물만 두 줄기로다.

挽詞

有友今亡矣　無端夢見之
長尋臨訣語　獨記贈行詩
宛爾龍蛇字　森然玉雪姿
青山一抔土　衰白淚雙垂

만사

신흠(申欽)

봉해212)는 얼마나 맑고 얕던가.
티끌세상은 그저 어지럽구나.
사람을 겪은 이 뉘라서 나와 같으리오.
넓은 세상에 그대만 한 이는 적네.
단정(丹鼎)213)이 자취 없어 슬프거든
그래도 황정경(黃庭經)214) 문장은 있으니
남은 삶에 봉황의 정수 보며 눈물짓고
어찌 다시 정운(停雲)215)을 지으리오.

---

212) 봉해(蓬海) : 봉래산이 있는 바다를 가리킨다.
213) 단정(丹鼎) : 도가(道家)에서 단약(丹藥)을 반죽하는 기구다.
214) 황정경(黃庭經) : 도교(道敎)에서 쓰는 경문(經文) 또는 경전(經典)이다.
215) 정운(停雲) : 도연명의 <정운편사수서(停雲篇四首序)>에 "머무는 구름은 친구를 생각하게 하나니, 술통의 새 술은 흠치르르하고 동산의 늘어선 수목은 처음 푸르러진다(停雲思親友也 樽酒新湛 園列初榮)"라 했으니, '정운(停雲)'은 벗에 대한 그리움을 의미한다.

挽詞

蓬海幾淸淺　塵寰從紏紛
閱人誰似我　曠世少如君
丹鼎悲無迹　黃庭尙有文
餘生泣鳳髓　那復賦停雲

만사

정협(鄭恊)216)

풍류와 문채로 젊은 날을 날렸는데
속계는 어느 때 보내, 그대 신선이 되었소.
천상의 옥루로 길이 석별했거든
땅속의 금완217)을 다시 이장하누나.
백년 동안 사귀었던 정은 황천 속이요,
반평생을 따라 노닌 일 흘러가는 물 앞이로다.218)

---

216) 정협(鄭恊, 1561~1611) : 본관은 동래(東萊)이고 자는 화백(和伯)이며, 호는 한천(寒泉)이다. 세자시강원보덕 · 수찬 · 장령 등을 역임하고, 동지부사로 명나라에 갔다가 이듬해 돌아와 중추부동지사 · 대사간 등을 지냈다. 광해군이 즉위하자 1611년 예조참판이 되었다. 임진왜란 때 소실된 역대 실록을 중간할 때에 편수관으로 참여했다.
217) 금완(金椀) : 금으로 만든 주발을 말한다.
218) 반평생을… 앞이로다 : 반평생 동안 서로 노닌 일들을 생각하며 세월이 흐르는 물처럼 빨리 흘러갔음을 아쉬워하는 마음이 느껴진다. ≪논어≫ <자한(子罕)> 편 16장에 "공자께서 시냇가에 계시면서 말씀하셨다. '가는 것이 이 물과 같구나. 밤낮을 그치지 않는도다'(子在川

다행스럽게도 그대 향기 군자에게 남아 있어
전형219)에도 살아남아 청전220)에 의탁했네.221)

挽詞

風流文采擅華年　塵界何時送作仙
天上玉樓長惜別　地中金盌更移阡
百年交道重泉裏　半世追遊逝水前
所幸餘芳留豹蔚　典刑堪壽託靑氈

上曰, 逝者如斯夫, 不舍晝夜"라는 말이 보인다.
219) 전형(典刑) : 예로부터 전해 내려오는 법전(法典)을 말한다.
220) 청전(靑氈) : 선대(先代)로부터 전해진 귀한 유물을 가리킨다.
221) 전형에도… 의탁했네 : 최전의 아들 최유해(崔有海, 1588~1641)가 1617년에 평안도평사(平安道評事)가 되었으나 대북파(大北派)에 의해 삭직되었다가 1623년 인조반정으로 재등용되었던 일을 가리키는 듯하다.

만사

이수록(李綏祿)222)

하늘에서 세상에 온 지 20년이어든
마음 아파하며 뒤쫓아 옥루의 신선 보내노라.
승황223)이든 범마든 큰 한을 품었고
눈썹이 하얀224) 고아가 옛 담요를 안고 있네.

---

222) 이수록(李綏祿, 1564~1620) : 본관은 전주(全州)이고 자는 수지(綏之), 호는 동고(東皐)다. 세종의 6대손이며, 1586년(선조 19)에 문과에 급제하고 여러 관직을 거쳐 서북면체찰사(西北面體察使) 이원익(李元翼)의 종사관으로 활약했다. 이후 광주목사·봉산군수·상주목사 등을 역임하면서 백성 구휼에 힘썼다. 1617년(광해군 9) 인목대비(仁穆大妃) 폐모론에 반대해 사직하고 고향인 양근으로 은퇴해 이원익·정엽 등과 교류했다. 이후 여주목사에 임명되었으나 병을 핑계로 나아가지 않았다. 1620년(광해군 12)에 세상을 떠났으며 영의정에 추증(追贈)되었다.
223) 승황(乘黃) : 전설 속 신마(神馬)의 이름이다. 훌륭한 말을 뜻한다.
224) 눈썹이 하얀(白眉) : 마량(馬良)이라는 자는 오형제였는데 모두 재주가 뛰어났으나 그중에서도 마량이 가장 훌륭했기에 사람들이 '마

눈보라치는 양화진에서 나귀를 함께 몰았고
등잔 가물거리는 백련사에서 베개를 같이 베었지.
지금까지 삼절[225]로 사람들이 칭송하니
옛일 남몰래 읊조리는데 눈물만 샘솟누나.

挽詞

天上人間二十年　傷心追遞玉樓仙
乘黃凡馬懷長恨　眉白孤兒保舊氈
雪暗楊花驢共策　燈殘蓮社枕相連
至今三絶人稱頌　往事幽吟淚迸泉

씨 오형제 중 백미가 가장 으뜸이다'라고 했다. 마량의 눈썹에 흰 털이 있었기 때문에 이렇게 말한 것이다. 뒤에 전해서 형제나 동년배 중 가장 걸출한 사람을 일컫는 뜻으로 쓰였다[≪삼국지(三國志)≫ <촉지(蜀志)·마량전(馬良傳)>].

225) 삼절(三絶) : 양포는 시문에 능했을 뿐만 아니라 그림과 글씨에도 뛰어났기에 삼절(三絶)로 일컬었다.

만사

조찬한(趙纘韓)[226]

낙양의 재자(才子) 꽃다운 나이에
드높이 갈매기와 골육의 정을 나누었네.[227]
길이 시구를 남겨 세상을 채웠더니
일찌감치 선적[228]을 더위잡아 봉래 · 영주[229]로 돌아가네.

---

[226] 조찬한(趙纘韓, 1572~1631) : 조선 중기의 문신이다. 본관은 한양(漢陽)이고 자는 선술(善述), 호는 현주(玄洲)다. 영천군수로 있을 때 각지에 도둑이 창궐하자 삼도토포사(三道討捕使)가 되어 이를 토벌했고, 그 공으로 통정대부(通政大夫)가 되었다. 문장에 뛰어나고, 특히 시부(詩賦)에 능해 초한 육조(楚漢六朝)의 유법(遺法)을 해득했다.

[227] 갈매기와… 나누었네 : 최전이 어린 나이에 재능을 다 펼치지 못하고 벼슬길에도 오르지 못한 채 요절했음을 의미한다.

[228] 선적(仙籍) : 신선이 사는 곳을 말하며 깨끗하고 그윽한 곳을 형용하기도 한다.

[229] 봉래(蓬萊) · 영주(瀛洲) : 신선이 사는 산 이름으로, 선경(仙境)을 가리킨다.

아이는 반듯하고 밝아 효성스럽기 그지없어
두 개의 묘에 저마다 서러워하누나.
아쉬운 마음 접고 그대 하늘에 오른 지230) 19년에
온 집안이 또한 서쪽 언덕의 무덤을 좋아하는구나.231)

挽詞

洛陽才子英妙齡　昂然海鶴毛骨情
長留詩句滿人世　早攀仙籍歸蓬瀛
一兒端明孝思永　雙墓各在悲心生
休恨龍湖十九載　合宅且樂西原塋

---

230) 하늘에 오른 지 : 원문은 '용호(龍湖)'로, 전설에서 황제가 용을 타고 하늘로 올라간 곳을 말한다.
231) 온 집안이… 좋아하는구나 : 최전이 죽자 처음에는 용진(龍津)에 장사 지냈다가 그 후 19년 뒤 무신년(1608) 10월에 감파로 이장(移葬)했다.

만사

구면(具㝢)

환할사 정신은 가을 물처럼 투명하고
다채로운 필치 휘두르는 곳에 용봉이 춤추네.
온 세상에 시 읊는 소리 가득 찬 줄 알려면
세상에 종이 값이 오른 것을 보라.
양포에 화사하게 꽃 핀 3월이면 술을 마시고
광산에서 눈보라치는 십 년간 등불 켰지
이승과 저승으로 나뉘어 평생 뜻 저버린 것 부끄럽거니와
나 홀로 초막에 누우니 눈물이 가슴에 가득하네.

挽詞

皎皎精神秋水澄　彩毫揮處鳳龍騰
欲知宇內詩聲滿　看取人間紙價增
楊浦烟花三月酒　匡山風雪十年燈
幽明愧負平生志　獨臥宮廬涕滿膺

양포의 옛집을 지나다

기묘년, 망우(亡友) 최양포의 나이 겨우 12세(1579)에 나와 백련정사에서 만났고 달밤에 양포가 머물렀던 곳을 여러 번 방문했다. 지금 문득 이곳을 지나다 감회가 일어 쓰노라.

한준겸(韓浚謙)

자네가 무산(巫山)232)의 나이에
나는 뜻밖에도 북해의 교분233)을 얻었지.
신구(神駒)가 막 물을 나왔고

---

232) 무산(巫山) : 지금의 중국(中國) 쓰촨성(四川省) 우산현(巫山縣)의 동쪽에 있는 명산(名山) 우산(巫山) 산을 말한다. 산 위에는 무산 십이봉(巫山十二峯)이 있어, 한문 시가에 많이 나타난다. 여기서는 무산의 열두 봉우리와 연결해 열두 살의 나이를 의미한다.

233) 북해의 교분 : 중국 후한(後漢) 말 저명한 학자인 공융(孔融)은 북해의 재상을 지냈는데 조조가 그의 명성을 흠모해 책사로 등용하려 했으나 공융은 예형을 추천했다. 공융은 예형보다 스무 살이나 많았지만 그의 재능을 인정해 나이를 잊은 교분을 나누었다. 여기서는 한준겸 또한 최전보다 열 살이 많았으나 나이를 잊고 진정으로 교분을 나누었음을 말하는 듯하다.

황곡(黃鵠)234)이 비로소 둥지를 떠났네.
재주는 밝은 세상에 쓰일 만하거늘
이름은 어두운 밤235)을 좇아 던져졌네.
사립문 강가에 있을새
한껏 그리워하다 달빛 아래 두드리네.

過楊浦舊居

己卯, 亡友崔楊浦年纔十二, 與余相遇於白蓮精舍, 乘月屢訪其居, 今忽過此,因感而有作.

子在巫山歲　吾叨北海交
神駒初出水　黃鵠始辭巢
才爲明時進　名從厚夜抛
柴門傍江次　長憶月中敲

---

234) 황곡(黃鵠) : 새 이름으로, 높은 재주를 지닌 현사(賢士)를 비유한다.
235) 어두운 밤 : 원문은 '후야(厚夜)'로, 사람이 죽은 뒤 지하 어두운 곳에 묻혀 있음을 긴 밤에 비유한 말이다.

석주의 편지

권필(權韠)[236]

편지를 보고 헛걸음하신 줄을 알아 참으로 안타깝습니다. 저는 존선대인에 비해 비록 재주는 현격히 떨어지지만 생년은 그다지 멀지 않아 다박머리 시절부터 욕되게도 가르침을 받아 훌륭한 말씀을 들었습니다. 그러나 이제 30년이 흘러 아득히 꿈속 일과 같습니다. 당시 지으신 시가 많지 않은 것은 아니로되 정녕 기록할 수 없어 늘 저 자신을 못마땅히 여긴 채 오직 영동을 유람하실 때 지은 절구 한 수만 기록해 두었습니다.

---

[236] 권필[權韠, 1569(선조 2)~1612(광해군 4)] : 조선 중기의 시인으로 본관은 안동(安東)이고 자는 여장(汝章), 호는 석주(石洲)다. 강화부에서 유생들을 가르쳤고, 명나라 대문장가 고천준을 맞는 문사를 엄선할 때 뽑혀 문명을 떨쳤다. 임진왜란 때는 주전론을 주장했다. 광해군 척족(戚族)들의 방종을 풍자한 궁류시로 인해 유배되었다. 인조반정 후 사헌부지평에 추증되었다. ≪석주집≫과 한문 소설 ≪주생전≫, ≪위경천전≫이 전한다.

봉래산에 한 번 드니 삼천 년이라

은빛 바다 아득할사 물은 맑고도 얕네.

난새 타고 오늘 홀로 날아오니

벽도화(碧桃花) 아래엔 아무도 보이지 않네.[237]

   온 세상이 이 시를 전해 암송하며 불을 피워 밥을 먹는 사람의 입에서 나오는 소리가 아니라고 여겼습니다. 존선대인의 천품은 속세를 벗어났고 아름다운 빛은 사람을 감동시켰습니다. 시를 지음에 청려(淸麗)를 위주로 해서 매양 많은 사람들이 앉아 있는 가운데 붓을 휘두르고 마음껏 읊조리되 곁에 사람이 없는 듯이 해 그분을 바라보면 마치 신선 가운데 한 사람인 듯해 동료들은 바야흐로 그분이 원대하게 될 것으로 기대했습니다. 하지만 끝내 일찍 세상을 떠났고 저처럼 우둔하고 보잘것없는 사람은 지금까지도 살아 있습니다. 하늘의 마음씀씀이가 예측할 수 없음이 이와 같으니 이루 다 탄식할 수 있겠습니까. 지난날 족하가 뭇사람 사이에

---

237) 이 시는 <경포에 부치다 2수(題鏡浦 二首)>라는 작품으로, ≪양포유고≫에 실려 있다.

있는 것을 보고는 '옛사람은 죽지 않는다'라고 여겨 깊이 그대를 따르며 배우고자 했으나 병으로 눕더니 훌쩍 떠나가 만날 인연을 갖지 못했습니다. 생사의 감회가 늘 마음속에 오가는 가운데 이에 욕되게도 가르침을 받아 저로 하여금 느껴워 눈물 흘리도록 하십니다. 저도 모르게 말이 여기까지 이르니 부끄럽기 그지없습니다. 아량을 바라오며 이만 줄입니다. 신해년(1611) 4월 24일.

石洲書

見書知虛枉, 深用愾歎, 輒於尊先大人, 雖材品懸絶, 而生歲不甚相遠, 自髫齓之年, 辱侍下風, 得聞緖論, 而只今三十年, 茫然若夢中事. 一時篇什不爲不多, 而了不可記, 恒自慊然, 只記遊嶺東時所作一絶云.

蓬壺[238]一入三千年, 銀海茫茫水淸淺.
鸞笙[239]今日獨飛來, 碧桃花下無人見.

擧世傳誦, 以爲非烟火食人口中語也. 尊先人天資脫俗,

---

238) 봉호(蓬壺) : 전설에서 바다 가운데 있다는 신선들이 사는 봉래산(蓬萊山)을 말한다.
239) 난생(鸞笙) : 전설에 신선이 난새를 타고 생황을 분다고 했다.

精彩動人. 爲詩, 以淸麗爲主, 每於衆座, 揮洒嘯傲, 傍若無人[240], 望之如神仙中人, 儕輩方以遠大期之, 而竟爾早夭, 如僕頑愚無狀者, 至今在世. 天之用意, 有難測識者如此, 可勝歎哉. 往者見足下於稠人中, 以爲故人不死, 深欲相從以託末契[241], 而病伏一適, 無緣會合. 存歿之感, 尋常往來于懷, 玆承辱敎, 令人感涕. 不自覺言之至此, 愧悚無已. 希雅亮不宣.
辛亥四月念四日.

---

240) 방약무인(傍若無人) : 곁에 사람이 없는 듯이 하다. 스스로 자부하며 만족하는 태도를 가리킨다.
241) 말계(末契) : 하교(下交)와 뜻이 같다. 어른이나 지위가 높은 사람이 낮은 사람에 대한 교의(交誼)를 말한다.

양포 최 공 행장

임숙영(任叔英)[242]

양포 최 공은 만력 기축(1589년)에 졸했으니 지금으로부터 24년 전이다. 선을 즐기는 선비들이 더욱 사모하고 숭상해 마지않으며 다음과 같이 말한다. "아! 세상에 더 이상 이런 사람은 있지 않으리라. 사가 행실을 이루고 재주가 그에 미치지 못하면 용(用)이 체(體)를 도와주지 않으니 갖추어지지 않은 것이고, 사가 재주를 이루고 덕이 없이 그것을 앞세우면, 말단을 들고 근본을 버린 것이니 알차지 않은 것이다. 오직 양포 공은 문과 질이 잘 어울렸으니 나는 여기에 대해 의심한 바가 없다. 아! 세상에 다시는 이런 사람이 없으리라."

이른바 양포는 공의 별호다. 공은 휘가 전이요 자는 언침

---

[242] 임숙영(任叔英, 1576~1623) : 본관은 풍천(豊川)이고, 자는 무숙(茂叔), 호는 소암(疎庵)이며, 초명(初名)은 상(湘)이다. 계축화옥 때 신병을 핑계로 사직했다가 인조반정 후 검열에 등용되어 사관을 겸했으며, 부수찬·지평 등을 지냈다. 구암서원에 배향되었다.

이다.

그의 선조는 해주 사람으로 대대로 경사에 살았다. 시조는 휘가 충이요, 고려조에 현달해 경술로 당대 배우는 사람들을 가르쳐 유학을 창시한 공로가 있기에 세상에서 그를 해동공자라고 불렀다. 벼슬은 중서령에 이르렀고 시호는 문헌공이다. 문헌공의 후손들은 그 덕과 가르침을 이어받아 예의에 맞는 몸가짐이 선조를 닮았으며 이름난 재상과 영달한 관리가 대대로 명성이 높아 조선에 이르러서도 끊어지지 않았다. 증조부는 휘가 문손으로 실직은 사헌부감찰인데 뒷날 보본243)의 은전으로 이조참판에 추증되었고 조부는 휘가 경으로 졸함에 벼슬은 훈련원도정이었는데 병조판서로 추증되었다. 부친은 휘가 여우로 위원군수로 마쳤으니 도정에서 위원까지 2대에 걸쳐 잇달아 무과로써 더욱 청백리의 기풍을 세웠다. 어머니는 상주 이씨다.

공은 6세에 고아가 되었다. 백형에게 학문을 배웠는데 아직 어린데도 부지런히 힘써 자신을 이기며 권면과 신칙을 번거롭게 여기지 않았고, 읽은바 경과 사는 어느 것도 그 의

---

243) 보본(報本) : 보본반시(報本反始)라고도 하는데, 근본에 보답하고 처음으로 돌아간다는 뜻으로, 천지(天地)와 선조(先祖)의 은혜에 보답함을 말한다[≪예기(禮記)≫].

리를 깨닫지 않은 것이 없었다. 총명하기가 남달랐고 우뚝 일찍 성취했으니 보는 사람마다 모두 그를 신동으로 지목했다. 자태가 뽀얗고 빛나기가 옥과 같고 성품은 깊고 엄숙하며 웃음과 말이 적고 기뻐하거나 성내는 빛을 띠지 않았다. 대개 아주 어렸을 때부터 능히 이와 같을 수 있었다. 9세에 책을 끼고 율곡의 문하에서 놀았다. 율곡이 그를 매우 소중히 여겨 가르침을 전수해 주었는데 남다를 것을 요구하고 기대해 나이가 어리다고 공을 동자로 보지 않았다. 그래서 그 칭찬하는 말에 다음과 같은 것이 있다. "타고난 자질이 탁월해 덕업을 헤아릴 수 없다." 같은 문하의 선비들이 그에게 탄복하고 뒤로 물러섰는데 비록 공보다 나이가 배나 되는 사람이라도 모두 나이를 꺾고 사귐을 요청하며 감히 그들의 나이로써 공을 낮춰 대하지 않았다. 14세에 남궁[244]의 사마시에 합격했다. 그 글이 아주 뛰어나서 율곡이 보고 가상히 여겨 말하기를 "회시에서 여러 선비들의 으뜸이 될 만하다"라고 했다. 율곡이 마침 고관이 되어 공은 혐의가 있을까 해서 스스로 물러섰다. 시를 완성했지만 끝내 시권을 내지 않으니 들은 사람들이 옳다고 여겼다. 그 뒤에 월정 윤근

---

244) 남궁(南宮) : 조선 때 예조를 달리 이르던 말이다.

수[245] 공이 국자좨주가 되었다. 그는 전에 수차례 공의 이름을 들었던 차 이때에 이르러 맨 처음 공을 재사로 불러다 날마다 그 학업을 시험 보니 아름다운 명예가 더욱 커졌다. 18세에 진사에 급제했다. 공은 이미 박학하고 재능이 많은 것으로 일찍이 뛰어난 사람들[246]의 반열에 올랐다. 그가 성균관에 있을 때 육관[247]의 사람들이 모두 그에게 경도되어 그의 웃음이나 말이라도 한번 얻으면 스스로 영광으로 생각하고는 오직 감당할 수 없을까 두려워했다. 찾아가거나 따르는 사람들은 그의 광채에 의지했지만 공은 스스로를 그와 같은 것은 없는 듯이 여겼다. 자신의 재능을 자랑하지 않고 자신의 장점을 드러내지 않으며 여러 사람과 어울림에 뭇사

---

245) 윤근수(尹根壽, 1537~1616) : 자는 자고(子固)이고 호는 월정(月汀)이다. 명나라와의 외교를 담당해 국난 극복에 힘썼으며, 이황의 제자로 성리학을 깊이 연구했다. 특히 그는 영화(永和)의 체라는 독특한 서체를 사용했다. 저서에 ≪사서토석(四書吐釋)≫ 등이 있다.

246) 뛰어난 사람들 : 원문은 '준조(俊造)'로, 준사(俊士)와 조사(造士)를 합칭한 말이다. 준사는 옛날에 서인(庶人)의 자제로 학문이 뛰어나서 태학(太學)의 입학을 허가받은 사람을 말하고, 조사는 학문이 이미 성취된 사람을 가리킨다.

247) 육관(六館) : 국자감(國子監), 즉 성균관의 별칭이다. 당나라 때 이곳에서 6학(學)을 수업했기 때문에 붙은 이름이다.

람과 어긋나게 자신의 행실을 세우지 않았지만 자기를 지키는 데에 있어서는 확고해 흔들리지 않았고 농지거리는 좋아하지 않았으며 경박하거나 무람없는 행동들에 침해받지 않아 같은 무리 가운데에서 우뚝했다. 이로 말미암아 선비들 가운데 어진 사람이든 그렇지 못한 사람이든 공을 가까이하고 공을 사랑하며 공을 공경하고 공을 소중하게 여기지 않는 이가 없었고, 모두 공을 국사라고 부르며 사귀는 자들이 날마다 붙좇아 사모하고 기뻐하며 추수하기가 성대했다. 공의 명성과 실상을 믿을 만하겠다. 그러나 공은 그럴수록 스스로 기뻐하지 않고 시속에 흐르는 걸 달가워하지 않았다. 평소 산수에 뜻을 두어 자주 그 친구들과 작별한 후 나귀 타고 문을 나섰는데 아이 종 하나가 비단 주머니를 등에 지고 그 뒤를 따랐다. 그윽하고 빼어난 경치를 찾아다니며 물색을 망라하고는 가슴속에 갈무리했다가 붓으로 펼쳐 내니, 그러므로 지은 것이 세상 밖의 말들이 많았다.

한번은 강릉 경포대에서 놀았는데 헌걸찬 행동거지가 속태를 벗어남이 심했다. 이를 본 사람들이 공을 신선이라고 의심하기까지 했다. 평소 지낼 때에는 결코 함부로 남을 따르지 않고 방 안에 조용히 지키고 앉아 서책과 금슬을 앞에 두고 향을 사르고 앉음새를 바로잡고는 종일 글 읽는 소리만 내었다. 공은 큰일이 있거나 병이 아니라면 일찍이 잠시

라도 공부를 떠난 적이 없으니 병야[248]에 잠이 들어 닭이 울 때 일어나기를 대개 상도로 삼았다. 주역을 가장 좋아했는데 무자년[249] 겨울에 문경 양산사[250]에서 마음을 다잡고 정밀히 궁구해 잠도 잊고 먹을 것도 잊은 채, 목상에 꼿꼿하게 무릎 꿇고[251], 진심으로 부지런히 더욱 힘쓰니 복희, 문왕, 주공, 공자의 뜻을 거의 얻었다. 그러나 고된 공부가 정도를 지나쳐 이 때문에 병에 걸렸고 끝내 고치지 못하게 되었다 한다. 병이 중해서 곧 죽으려 할 즈음[252]에도 손수 주자의 묵좌존심(默坐存心)[253]하는 가르침을 써서 그로써 자기 자

---

248) 병야(丙夜) : 3경(更), 즉 밤 11시부터 새벽 1시까지를 말한다.
249) 무자년(戊子年) : 1588년, 최전의 나이 21세 때다.
250) 양산사(陽山寺) : 고려 시대 문경(聞慶) 가은현(加恩縣)에 있던 사원으로 우왕 이전에는 태조(太祖)의 진영을 안치했다.
251) 꼿꼿하게 무릎 꿇고 : 원문은 '장궤(長跪)'로, 허리를 꼿꼿이 세우고 꿇어앉음을 말한다.
252) 죽으려 할 즈음 : 원문은 '역책(易簀)'으로, 스승이나 현인의 죽음을 가리키는 말이다. 책(簀)은 와상(臥床)의 깔개로서 증자(曾子)가 병환 중에 대부(大夫)의 신분에 걸맞은 화려한 깔개를 깔고 있었는데, 임종할 당시 자신의 분수에 맞지 않는다고 제자들에게 깔개를 바꾸게 하고 죽은 데서 유래했다[≪예기≫ <단궁(檀弓)> 상(上)].
253) 묵좌존심(默坐存心) : 말없이 정좌해 본성을 잃지 않고 키워 나감을 뜻한다.

신을 독려하고자 했다. 대개 돈독히 했던 것은 경(敬)에 거처254)하는 것이었다. 그러므로 병세가 위중해지더라도 그 공부를 그만두지 않았다. 일찍이 배움에 대해서 논의한 글이 있었는데 이 또한 여기[거경(居敬)]에 핵심을 귀결시켰다.

저 부부간 잠자리는 인정이 쉽게 여겨 소홀히 하는 바다. 공은 여기에 처해서도 용모와 낯빛이 더욱 장중하며 위엄있게 엄숙히 몸가짐을 할 때와 같이 했다. 시비가 살짝 훔쳐보았는데 처음부터 끝까지 다른 모습은 볼 수 없었다. 옛날 이른바 기결255)과 방덕공256)과 같은 이들은 아마도 쓸쓸하

---

254) 경에 거처 : 원문은 '거경(居敬)'이다. 주자학(朱子學)에서 주창하는 학문 수양의 기본 방법으로 거경(居敬)과 궁리(窮理)의 두 강목(綱目)이 있다.

255) 기결(冀缺) : 춘추 시대 진 문공(晉文公) 때 기읍(冀邑)에 살았던 극결(郤缺)을 가리킨다. 그는 기읍에서 농사를 짓고 살면서 부부간에 서로 공경하기를 서로 손님을 대하듯이 했는데, 대부 구계(臼季)의 천거를 받아 문공에게 쓰여서 하군대부(下軍大夫)가 되었다≪소학(小學)≫ <계고(稽古)>].

256) 방덕공(龐德公) : 후한 양양 사람으로 현산(峴山) 남쪽에 살면서 성시(城市)를 가까이하지 않았다. 형주자사(荊州刺史) 유표(劉表)가 "선생은 벼슬을 받지 않으니 무엇을 자손에게 남겨 주겠소?"라 물으니, "남들은 모두 위태로움을 주지만 나는 편안함을 남겨 주겠습니다"라고

진 않으리라. 보통 사람들이 가장 그에게 미칠 수 없었던 것은 결코 입 밖으로 성색을 거론하지 않은 것이니, 일찍이 그를 알았던 이들은 더욱 그의 현명함에 탄복했다. 지조를 세움이 높고 멀어 참으로 진전(眞傳)의 일이 아니면 기꺼이 자기에게 요구하려 들지 않았다. 널리 사랑하는 마음은 사물에까지 미쳐 집안사람이 닭을 잡아 내오면 닭의 비명을 듣고는 문득 젓가락을 놓고 차마 먹지 못했다. 그가 마음을 움직여 어진 덕을 펼치는 것이 이와 같았다. 효성과 우애에 있어 그가 고집했던 것은 어머니를 섬김에 봉양하고 공순하는데 남은 힘을 두지 않았고 백형이 졸하자 통곡하고 울며 가슴 아파하는데 부모상과 다름이 없이 3년 동안 음악을 듣지 않고 술도 마시지 않고 고기도 먹지 않았고 과부가 된 형수를 예우하고 고아가 된 조카를 어루만지며 형이 살았을 때의 마음보다 2배, 5배로 했다. 특히 상례를 잘 치러 주었으니 매부 상에는 그 예가 한껏 갖추어져 하나도 소홀함이 없었다. 공의 당시 나이 열일곱으로 이 일을 들은 사람들은 '사람으로서 어려운 일이다'라고 말했다.

했다. 처자를 데리고 녹문산(鹿門山)에 은거하는 등 검소한 생활을 했다[≪후한서(後漢書)≫ 권83 <일민열전(逸民列傳) 방공(龐公)>].

공은 또한 옛것을 좋아함이 자못 심했는데 시속의 풍상과는 배치되었다. 심의(深衣)를 입고 큰 띠를 두르는 것은 옛 제도로서 시속의 무리는 비웃지만 뜻이 있는 사람들은 궁구했다. 공은 홀로 개연히 시속을 돌아보지 않고 의심 없이 심의를 입고는 말하기를 "내 몸으로 옛사람의 뜻을 잃을 수 없다. 차라리 지금 사람의 마음을 잃는 것이 마땅하다"라고 했다. 또 말하길 "종손을 두터이 하는 것은 제전만 한 것이 없고 구족을 넉넉히 하는 것은 의전만 한 것이 없다. 옛날에는 실천했는데 어찌 지금은 실천하지 않는가. 온 세상이 잃었지만 나는 이것을 따라 더욱 본받으련다. 나는 시속을 떠남으로써 옛 도를 취할 것이다"라고 했다. 비록 오래 살지 못해 채 베풀 수는 없었지만 그가 가진 뜻이 이와 같았다. 공은 옛것을 좋아할 뿐 아니라 그것을 실천할 수 있었으니, 일을 행함에 드러난 것은 늘 옛사람과 같았다.

　제사에는 반드시 곁에 계신 듯 슬퍼했으니 바로 정성껏 제사를 드리며 추모했던 옛사람의 모습이요, 장차 죽으려 할 때 기도를 말리며 하지 말도록 했으니 바로 천명을 알았던 옛사람의 모습이다. 다른 일들도 모두 이와 같았으니 이 일은 다만 두드러진 예일 뿐이다. 아! 세상에 자신을 함부로 하고 내팽개치며 검속하지 않는 자들이 공의 풍모를 들으면 또한 조금이라도 부끄러워할 수 있으리라.

공은 문장을 지음에 반드시 대가의 문장으로 자신을 가다듬었다. 시는 성당(盛唐)을 익혀 청월하고 준일했다. 높게는 이 한림(李翰林)257)의 방에 들어갔고 낮아도 그 문호를 벗어나지 않았다. 원진258)과 백거이259) 이하는 곧 팔을 휘두르며 돌아보지 않았다. 산문은 넉넉하고 넓으며 부(賦)는 변론하며 힘이 있으니 모두 시에 비견되며 민활하고 신속히 써 내려가기가 신과 같아 팔뚝을 걷어붙이자 곧바로 지어냈다. 평소에 지은 바가 아주 많았지만 전쟁을 만나 휩

---

257) 이 한림(李翰林) : 중국 당나라 때 최고의 시인으로 추앙받는 이백을 가리킨다. 한림(翰林)은 벼슬 이름으로, 현종(玄宗) 때 황제의 측근을 한림학사로 임명했는데 이백이 이 벼슬을 지냈다.

258) 원진(元稹, 779~831) : 중국 당나라 시인. 현실에 존재한 사실을 솔직하게 전달해 이 시대의 정당성과 광명성을 남겨야 함을 주장했다. 대표 작품으로 60년 전쟁으로 고통을 받는 농가의 한을 쓴 <전가사>, 상인들의 불로소득을 풍자한 <고객악> 등이 있다.

259) 백거이(白居易, 772~846) : 호는 향사거산(香士居山). 중국 당나라 시대의 가장 뛰어난 시인 중의 한 사람으로 일컬어지며 29세에 진사시험에 합격, 벼슬길에 올랐으며 35세 때에 창안에서 현위 벼슬로 있으면서 시 <장한가(長恨歌)>를 지었는데 이 시가 세상에 알려지자 많은 사람들이 그의 높은 재주에 감탄했다. 45세 때 지은 <비파행(琵琶行)>은 그를 당나라에서 가장 뛰어난 시인이 되게 했다. 그의 시는 짧은 문장으로서 누구든지 쉽게 읽을 수 있는 것이 특징이다.

쓸려 남은 바가 없고 다른 사람의 입에 기대어 겨우 세상에 전한 시문 약간 편이 있다.

필법이 단아하고 힘이 있으며 강건하고 아름다웠다. 6세에 이미 사랑채 곁채로 나아가 예서로 동진체(東晉體)260)를 이어받았는데 왕희지의 근력을 얻었고 장초261)는 본뜨지 않은 바가 없었는데 특히 회소262)의 글씨에 더욱 핍진했다. 날마다 사방에서 글씨를 구하러 오는 자들이 가득해 문지방에 구멍이 났다. 붓을 쥐고 뿌리며 너울대면 어김없이 사물잠263)을 써냈는데 스스로 거기에 뜻을 두었고 다른 사람에게도 경계했던 것이니 어찌 붓으로 간언264)한 것이 아니겠

---

260) 동진체(東晉體) : 중국 동진(東晉)의 서예가 왕희지(王羲之, 307~365)의 서체를 말한다.
261) 장초(章草) : 초서의 일종으로, 예서(隸書)를 빨리 쓰기 위해서 자연적으로 발생한 서체다. 후한(後漢) 장제(章帝) 때에 두조(杜操)가 잘 썼는데, 장제(章帝)가 이를 두고 칭찬했기에 장초(章草)라 했다.
262) 회소(懷素) : 당나라 때 초서에 능했던 승려다.
263) 사물잠(四勿箴) : 이천(伊川) 정이(程頤)가 지은 잠언(箴言)으로, 시잠(視箴)·청잠(聽箴)·언잠(言箴)·동잠(動箴)의 네 가지다.
264) 붓으로 간언 : 원문은 '필간(筆諫)'으로, 서법(書法)에서 붓을 놀리는 도리를 빌려 권간(勸諫)하는 일을 말한다. 목종(穆宗)의 정치가 편벽했는데, 그가 공권(公權)에게 '서법은 어떻게 하면 좋아지는가?' 하고 묻자, 공권이 대답하기를, '붓을 쓰는 것은 마음에 달려 있으니, 마음

는가. 그림으로는 매화 대나무 날짐승 길짐승을 잘 그렸는데 점획(點畫)이 입묘(入妙)했지만 공은 평소 여사(餘事)로 이름을 내고 싶지 않았기에 문장도 박하게 여겼거늘 더구나 그림 그리는 일에 있어서랴. 까닭에 항상 감춰 두고 내놓지 않았다.

음률은 옛것을 따랐는데 주랑[265]도 감히 돌아보지 못했다. 금을 타고 피리를 불고 노래를 부르는 따위가 모두 배우지 않아도 잘했다. 고악에 생황이 있는데 당시 사람들은 어떤 악기인지 알지 못했다. 혹자가 생황을 공에게 강요하니 공이 그 때문에 한번 시험해 곡을 연주하니 가락에 맞고 궁상이 절도에 맞았다. 생황을 업으로 하는 사람도 여기에 익숙하지 않았으니 대개 성률에 천부적인 깨침이 있었기에 악(樂)에서 통하지 않는 기예가 없었던 것이다. 저 악(樂)이 어찌 자잘한 것이겠는가. 육예를 다루는 것은 똑같다. 옛날에

이 바르면 필체가 바르게 된다'라고 간언했다[≪구당서(舊唐書)≫ <유공권전(柳公權傳)>].

265) 주랑(周郎) : 삼국 시대 오(吳)나라 사람 주유(周瑜)를 말한다. 문무(文武)에 두루 능했는데 음악에도 조예가 깊어 당시 사람들이 "곡조에 문제가 있으면 주랑이 고개를 돌린다(曲有誤, 周郎顧)"라고 말할 정도였다[≪삼국지(三國志)≫ <오지(吳志)·주유전(周瑜傳)>].

이것을 익히지 않으면 사(士)라고 말할 수 없었다. 공이 어찌 근세 사람들의 마음을 사느라 이것을 버리고 옛것에 나아가지 않겠는가?

아! 공은 사방으로 통달해 국한되지 않는 군자라고 말할 만하다. 재주는 이와 같고 품성이 저와 같으니 수명을 더해 주고 공부를 더했다면 찬란한 빛이 더욱 새로워졌으리니 지금과 후세에 은택을 끼쳤을 것을 어찌 말할 필요가 있겠는가. 아쉽구나! 오래 살고 못 사는 것은 운수에 달렸어라. 그의 할 일이 채 끝나기도 전에 길이 막혔으니 하늘이 공의 재주와 덕을 아끼지 않으신 것이라. 그 운명이 어찌하여 가생266)과 육랑267)만 못한 것인가. 아! 참으로 슬프다. 공은 향년 겨우 스물 둘이었다. 그가 죽은 날 당대 이름 있는 사들이 높거나 낮거나, 귀하거나 천하거나, 낯설거나 낯익거나, 가깝거나 성글거나 할 것 없이 침소에서 나와 신위를 진설하고 곡하지 않는 이가 없었고, 공의 상에 빈소가 당에 있거늘 솜을 술에 담가 정성을 다해 공의 혼백을 제사 지내지 않

---

266) 가생(賈生) : 최연소 박사가 된 중국 전한 문제 때의 문인 겸 학자인 가의(賈誼)를 말한다, 32세의 젊은 나이에 세상을 떠났다.
267) 육랑(陸郎) : 삼국 시대 오(吳)나라 사람 육적(陸績, 187~219)으로, 32세의 나이에 생을 마쳤다.

음이 없었고, 장례에 미쳐서는 옷을 갈아입고 상여 줄을 잡아 공의 관을 끌지 않음이 없었다. 그리워 추억하며 항상 그를 언급했는데 오래되어도 변하지 않았다. 공은 어찌하여 여러 공들을 여기에 와서 엎드리게 하는 것인가? 그 까닭 또한 알 만하다.

아내는 고령 신씨로 고 익위공 신홍점(申鴻漸)의 딸이다. 공과 마음을 함께해 지극한 성품과 아름다운 행실이 있었고, 따로 행장(狀)이 있어 자세하기에 생략하고 기록하지 않는다. 아들이 하나 있는데 유해라고 한다. 유해가 공을 양주 감파에 이장하고[268] 신 부인을 합장하고 나서 그 행장을 나에게 가지고 와서 공이 영원히 전해지기를 더욱 꾀했다. 나는 평소 공이 했던 일들을 잘 알고 있으며 아직 한 번도 입에 침이 마르도록 칭찬하지 않은 적이 없었다. 그러므로 감히 마땅한 사람이 아니라는 이유로 거절하지 못하고 삼가 그 행장을 바탕으로 위와 같이 찬술했다. 만력 40년(1612, 광해군 4년) 겨울 11월 25일 권지 승문원 부정자 종사랑 소암(踈菴) 임숙영 삼가 쓰다.

---

[268] 양주 감파에 이장하고 : 최전을 처음에는 용진(龍津)에 장사 지냈다가 무신년 10월에 감파로 이장(移葬)했다.

楊浦崔公行狀

楊浦崔公卒于萬曆己丑, 距今二十四年. 樂善之士, 益慕尙之不置曰︰"嗚呼! 世不復有斯人也. 士得於行, 卽才不逮焉, 用不輔體, 不備, 士成乎藝, 卽無德以先之, 擧末而遺本, 不實. 其惟楊浦公乎. 文質彬彬, 吾無所間矣. 嗚呼! 世不復有斯人也."

所謂楊浦者, 卽公之別號也. 公諱瀄, 字彥沉, 其先海州人, 世居京師. 始祖諱冲, 顯麗氏朝, 以經術訓一時學者, 有草昧之功, 世稱海東孔子. 官至中書令, 謚文憲公. 文憲公之後, 紹德襲訓, 法象惟肖, 名公達官, 世載厥聲, 至國朝不絶. 曾祖諱文孫, 實爲司憲府監察, 後用報本之典, 贈吏曹參判. 大父諱瓊, 卒官訓鍊院都正, 贈兵曹判書. 皇考諱汝雨, 終渭原郡守, 自都正至渭原, 兩世連用武資, 而益樹淸白之風. 母尙州李氏.

公六歲而孤, 其學於伯兄, 尙幼也. 勤勤自克, 不煩勸飭. 所讀經史, 靡不通曉其義, 穎悟絶人, 卓然夙成, 見者皆以神童目之. 姿貌白晳如玉, 性沉厚肅莊, 寡咲與言, 不作喜怒之色, 蓋自髫齓時已能如此. 九歲, 挾冊遊栗谷門下. 栗谷甚重之, 傳授誨諭, 責望異常, 不少以童子視公. 故其稱贊之語. 有曰︰"天賦卓絶. 德業不可量"云. 同門之士, 歎服推遜. 雖倍長於公者, 皆折年請交, 不敢以其齒加公. 十四, 擧南宮司馬, 其詞絶高. 栗谷見而豔之曰︰"可冠多士會試." 栗谷適爲考官, 公以嫌自避, 詩成, 竟不納卷, 聞者韙之. 其後, 月汀尹公爲國子祭酒, 異時數聞公名. 至是首延公于齋舍, 日課其業, 華問彌大. 十八, 中進士選. 公旣以博學多能, 早列俊造. 其在辟雍, 六館盡傾. 得一哎語, 人自爲榮, 惟恐不得當也. 過從者藉其光彩, 而公自視若無有也. 不伐其能, 不顯其長. 羣居不違衆立行, 而至其自守之處, 則確然不可動. 不好戲謔, 不侵爲浮薄褻慢之態, 在輩流中獨然. 由是士無賢不肖, 無不親公愛公敬公重公. 咸指公國士, 交遊日附, 慕悅追隨之盛, 可信公名實. 而公益不自喜, 不屑流俗. 雅意山水, 屢與其朋友揖, 跨驢出門, 一童奴背錦囊隨後. 搜幽剔勝, 網羅物色, 收之於胷臆而發之於翰墨. 故所作多世外之語.

嘗遊江陵鏡浦, 軒擧拔俗甚. 觀者至疑公於神仙, 平居絶不詭隨, 習靜一室. 書策琴瑟在前, 焚香匡坐, 竟日吾伊聲矣. 公非有故及病, 未嘗斯須去學, 丙夜而寢, 鷄鳴而起, 率以爲常. 最好周易, 戊子冬, 在聞慶陽山寺, 刻意精究, 廢宿忘餐, 長跪一木床, 服勤彌厲, 伏羲文王周孔之旨, 庶幾得之. 然攻苦過當, 以此媒疾, 遂至不救云.

易簀之前, 猶手書朱夫子默坐存心之訓, 欲以自督其身. 盖所篤者居敬. 故雖疾革, 不輟其功. 嘗有書論學而亦歸重於斯. 夫衽席之間, 人情之所易忽者, 公處之, 容色益莊, 儼然若肅容之時. 侍婢竊識視之, 終始不得其異貌. 古所謂冀缺龐德公之徒其則不落莫也. 最不可及者, 絶口不談聲色. 諸嘗習公者, 愈歎其賢. 植操高遠, 非眞傳事業, 則不肎責己. 博愛及物, 家人殺鷄以供, 聞其聲, 則輒投筯, 不忍食. 其感發仁術類此. 至於孝友, 其所執之者, 事母奉養承順, 靡有餘力. 伯兄之卒, 哭泣哀慟, 無異親喪. 三年不聽樂, 不飲酒食肉, 禮寡嫂撫孤姪, 倍蓰常情. 尤善治喪, 喪妹夫, 其禮克備, 無一毫遺失.

公時年十七，聞者以爲難．

公又好古頗甚，於時尙輩馳．深衣大帶制度之古者，俗輩咲之，有志者格焉．公獨慨然不顧，服之無疑曰："不可以吾身失古人之意，寧失今人之意可也．"又曰："厚宗子莫如祭田，贍九族莫如義田．行於古，曷不行於今．舉世失之，吾順之，是尤而效之也．吾有以去取之也．"雖不利於年，未獲施設，其有志如是也．公業已好古而又能踐之．見諸行事者，恒一古人也．祭祀必怵惕如在，其追遠古人也．將死，禁祈禱勿爲，其知命古人也．他皆視此，此姑其表表者耳．嗚呼！世之暴棄不檢者，聞公之風，亦可以少愧矣．

公爲文章，必以大家自規．詩服膺盛唐，清越俊逸，高者入李翰林室，下猶不失其門戶．元白以下，卽掉臂不顧也．文豪而博，賦辯而雄，並比肩於詩，而敏速如神．腕脫立就，平日所述甚多，厄於兵火，掃地無遺，其託於人口者，塵塵行世詩文僅若干篇．

筆法端勁遒麗，六歲已造堂廡，隸書祖述東晉，得王右軍之筋．章草廳所不倣，而尤逼眞於懷素，日滿四方之求者，門限穿穴，揮灑翩翩，而必寫四勿箴．自我志之也，卽人人警之，奚啻筆諫哉？丹靑善梅竹翎毛，點畫入妙．然公雅不欲以餘事自名．文章且薄之，況繪事乎？以故恒秘之不出．

音律古，周郎不敢顧也．彈琴吹笛嘯歌之事，皆不學而能之．古樂有笙簧，時人不識何器，或以強公，公爲之一試，赴曲中節，宮商合度．業之者不熟於此矣，蓋於聲有天得之妙．故於樂無不通之技．夫樂豈淺淺然哉？六藝是處一焉．古者不習此，不名爲士，公豈掩於近世之情，捨之而不進於古也？

216

嗚呼! 公可謂通方不器之君子矣. 以才如此, 以德若彼. 濟之以壽, 益之以學, 則光輝日新, 澤今與後, 豈足道哉? 惜乎! 脩短有數, 業未竟而窒, 天之不嗇於公才德也. 其命何賈生陸郎之不若也. 嗚呼, 甚哉! 公享年僅二十有二, 死之日, 一世知名之士. 無論尊卑貴賤新舊親踈, 無不出寢設位以哭. 公之喪, 其殯在堂, 無不漬酒致誠以酹公之靈, 及葬, 無不變服執紼以導公之柩. 眷眷追思, 恒言及之, 愈久而不更. 公何以伏諸公至此哉. 其故亦可知矣.

妻高靈申氏, 故翊衛諱鴻漸之女, 與公合德, 有至性懿行, 而別有狀可詳, 故略之不錄. 有一子曰有海. 有海旣改葬公于楊州紺坡之原, 申夫人祔焉, 以狀走余, 益謀所以不朽公者. 余熟聞公平生事蹟, 未嘗不嘖嘖稱善. 故不敢以非其人辭, 謹因其狀, 撰結如右. 余熟聞公平生事蹟, 未嘗不嘖嘖稱善. 故不敢以非其人辭, 謹因其狀, 撰結如右. 萬曆四十年冬十有一月二十五日, 權知承文院副正字從仕郞, 踈菴任叔英謹狀.

양포유고 발문

아, 슬프다. 나는 최 군(崔君)이 총각이었을 때 그의 형의 상가에서 보았다. 타고난 자질이 순수하고 아름다우며 용모가 단정하고 온화했다. 상례를 치름에 예로써 하니 멀리서 바라봄에 훌륭해 그가 성취할 만한 그릇임을 알았다. 일찍이 율곡 선생의 문하에서 배워 뜻을 세우기를 바르게 했고 배움은 날로 더욱 진보해 그저 문장과 재주만 뛰어날 뿐만이 아니었다. 당시에 함께 배우던 동료들이 그는 원대할 것이라고 기약했지만 불행히도 세상을 일찍 떠났으니 아쉬워라. 나는 그가 학문에 나아가는 것은 보았지만 그가 멈춘 것은 본 적이 없다. 아, 슬프다. 하늘이 인재를 냄에 반드시 선업을 기약했거늘 또 앗아 가기를 어찌 저리 급한가. 그 이치를 참으로 헤아릴 수 없구나. 다만 그의 유고가 다행스럽게도 남아 있다. 그의 종손 광산 최유해가 나와 인연이 있어 그 시권의 끝에 발문을 구했다. 그의 시는 격조가 있고 법도가 있으며 반듯하고 밝아서 티끌세상 너머로 훨훨 나니 진정 시구 하나에 보옥 열 개를 치르고도 남은 가치가 있다는 것이었다. 나는 이에 느낀 바가 있어 문장이 서툴다고 사양하지 않고 대략 몇 마디를 적어 돌려보낸다. 천계(天啓) 5년

(1625) 6월, 사계 노부 김장생이 쓴다.

楊浦遺藁跋

嗚呼, 余於崔君卯角時, 得見於其兄之喪次, 禀質粹美, 容貌端溫, 執喪以禮, 望之嶷然, 知其爲成就之器也, 早從栗谷先生之門, 立志以正, 學日益進, 不但文章才藝而已, 一時儕流, 皆以遠大期之, 不幸早世, 惜乎, 吾見其進也, 不見其止也, 噫, 天之降才, 必有爲也, 而又奪之何遽, 理固有不可測者矣, 獨其遺編, 幸有存者, 其胤子崔光山有海, 有素於余, 求識其卷末, 其詩格而法, 雅而亮, 飄飄乎塵埃之外, 眞所謂一句十瑰而有餘價者也, 余於此蓋有所感, 不以文拙辭, 略題數語以歸之, 天啓五年六月, 沙溪老夫金長生書.

해 설

양포와의 소중한 인연을 생각하면서

현재 최전의 문집 ≪양포유고≫는 규장각 소장의 목판본과 국립중앙도서관 소장의 석판본 2종만이 남아 있는데, 본서의 저본은 국립중앙도서관장본이다. 권수에 이정귀가 지은 서문과 신흠이 지은 서(敍)가 있다. 최전의 시문으로는 먼저 매형 오운에 대한 제문(祭文) 1편과 습유(拾遺)에 실린 42제를 포함한 시(詩) 총 104제, ≪주역≫을 읽고 서술한 <독역잡설(讀易雜說)>이 있고, 아들 최유해가 지은 지(志)와 이항복이 지은 묘갈명 1편, 이정귀·신흠 등이 고인이 된 최전을 애도한 만사 6편과 양포의 옛 집을 지나며 한준겸이 쓴 <양포의 옛집을 지나다(過楊浦舊居)>, 양포가 일찍 죽어 시문이 많이 남아 있지 않음을 안타까워하며 권필이 지은 <석주의 편지(石洲書)>가 있으며, 그 뒤로 임숙영이 지은 행장이 실려 있다. 권말에는 김장생이 지은 발문이 있다. 작품의 수가 그리 많지 않음에도 불구하고 현재까지 그의 문집에 대한 완역 작업은 이루어지지 않았다. 요절한 시인에 대한 연구의 특성상 여러 한계가 분명 있을 것이고, 그러한 탓에 아마 이제껏 누구도 선뜻 이 작업에 나서고자 하지 않았을 것이다. 하지만 최전이 세상에 남긴 100여 편의 시들을 한번 찬찬히 읽어 보면 그의 문학적 가치를 재평가하지 않을 수 없을 것이다.

양포를 기억하며

최전은 시문뿐만이 아니라 글씨와 그림, 그리고 음악까지 다방면에서 특출한 재능을 보였는데 그중에서도 특히 시는 당대 문인들이 두루 외우며 높이 평가했다. 그의 사후에 아들 유해가 부친의 유고를 중국 관리에게 보여 줌으로써 문집이 중국에서 간행되었고, 청대 문인 주이준(朱彝尊)이 그의 시를 선별해 ≪명시종(明詩綜)≫에 수록하기도 했을 정도였다.[269] 그의 시풍의 일면을 엿보기 위해 주위 문인들

---

269) 이덕무(李德懋), ≪청비록(淸脾錄)≫ 권4, ≪청장관전서(靑莊館全書)≫ 권35.

이 남긴 평가를 살펴보자.

공은 문장을 지음에 반드시 대가로서 자신을 가다듬었다. 시는 성당(盛唐)을 익혀 청월하고 준일했다. 높게는 이 한림(李翰林)의 방에 들어갔고 낮아도 그 문호를 벗어나지 않았다. 원진과 백거이 이하는 곧 팔을 휘두르며 돌아보지 않았다. 산문은 넉넉하고 넓으며 부(賦)는 변론하며 힘이 있으니 모두 시에 비견되며 민활하고 신속히 써 내려가기가 신과 같아 팔뚝을 걷어붙이자 곧바로 지어냈다. 평소에 지은 바가 아주 많았지만 전쟁을 만나 휩쓸려 남은 바가 없고 다른 사람의 입에 기대어 겨우 세상에 전한 시문 약간 편이 있다.

그의 시는 청일해 운치가 있고 타고난 자질이 본래 높아 단혈의 새끼 봉황이 소리가 겨우 목에서 나오자마자 어느새 사람들을 깜짝 놀라게 할 만한 것과 같다. 그것을 읽어 보면 종종 솔바람이 서늘히 불어 거의 불을 피워 밥을 먹는 속세인의 말소리는 아니다. 이는 이른바 수후의 구슬과 곤산의 옥은 적으면 적을수록 더욱 진귀하다는 것이니 또한 어찌 구태여 많을 것이리오. 만일 그가 나이를 조금 빌렸다면 제자백가를 종으로 부리고 이소와 풍아를 흘겨보았으리니 어찌 그저 문호를 넓히고 기치를 세우는 데서 그치리오. 안타깝고도 안타깝다.

첫 번째 글은 임숙영이 쓴 <양포 최 공 행장>의 한 대목이고, 두 번째는 월사 이정귀가 쓴 <양포유고 서> 중 일부다. 요절한 탓에 그와 관련된 주변 문인들의 글이 많이 남아 있지는 않지만 위에서 인용한 두 글을 종합해 보면, 양포는 성당(盛唐)의 시를 전범으로 시를 썼으며 청월하고 준일한 그의 시풍은 이백에 비견할 만큼 높은 수준에 올라 있었음을 알 수 있다.

시의 풍모

아래에서는 문집에 실린 시 중 대표할 만한 몇몇 작품에 대한 감상을 통해 최전 시의 풍격을 보다 구체적으로 들여다보고자 한다. 먼저 살펴볼 <늙은 말(老馬)>은 최전의 나이 8세에 지은 것으로, 이 시를 본 이들이 그를 신동이라 불렀으며, 당대 사람들이 두루 외웠다고 한다.

늙은 말 솔뿌리 베었더니
꿈결에 천 리를 다니누나.

가을바람에 낙엽 지는 소리 나더니
놀라 일어나자 저녁 해 뉘엿해라.270)

언뜻 보기엔 늙은 말[老馬]과 가을바람[秋風], 낙엽 지는 소리[落葉聲], 뉘엿뉘엿 지는 저녁 해[斜陽暮] 등으로 전체적인 시의 이미지가 통일되어 있는 듯하나, 힘차게 천 리 길을 내달리며 현실에선 불가능한 꿈을 꾸고 있는 늙은 말의 모습이라든지, 낙엽이 떨어지자[下] 말이 놀라 벌떡 일어나고[上] 어느덧 해가 지는[下] 상황을 묘사한 것 등 5언 절구의 짧은 시임에도 불구하고 곳곳에 대조적인 시상을 자유자재로 배치하고 있는 점이 흥미롭다.

다음의 <남간에 부친 시(題南澗詩)>는 최전이 17세에 지은 것으로 당시 대사성이던 윤근수(尹根壽)가 크게 칭찬하며 망년지교(忘年之交)를 맺은 시로, 비바람이 부는 어느 가을날 석양 질 무렵에 지팡이를 짚고 남쪽 계곡에 간 화자가 계곡 주변의 경치를 감상하며 느낀 심회를 읊은 것이다.

---

270) 老馬枕松根, 夢行千里路. 秋風落葉聲, 驚起斜陽暮.

강남 어느 저녁 가을바람 일고

벽오동 찬비 내리니 처량하게 우는구나.

은거하는 이 절로 생각 많아

지는 해에 지팡이를 짚고 가네.

지팡이를 짚고 남쪽 계곡으로 들어서니

푸른 풀 차가운 이내 속에서 계곡을 헤매노라.

남은 노을 열린 곳에 돌샘이 울고

댓잎에 맺힌 이슬 떨어질 때 숨은 새 지저귀네.

문장은 지난날의 금란전에 있으니

덧없는 인생 동(東)으로 갈지 서(西)로 갈지 어찌 알겠는가.

청운(靑雲)의 뜻은 이제 말머리에 뿔이 나는 것과 같이 되었으니

고개 너머 나그네의 넋은 속절없이 더욱 서글퍼라.

장안의 꿈에서 깨니 초나라 하늘이 푸르고

동정호 구름 걷히자 외로운 기러기 우놋다.

신 신고 지나온 푸른 이끼에 절로 자욱 찍히고

도건(陶巾) 쓴 센 머리 시름겨워 떨궈지려 하네.

구름이며 물은 제 모양이라 모두 곱고 밝으니

품은 마음 휘파람 불며 노래하고 부족하나마 손수 글 짓노라.

장사 천리에 외로운 신하 있는데

성군께서는 어느 때에 조서(詔書)를 내려 주실까?271)

작자의 심정과 남간 주변의 경관에 대한 묘사가 자연스럽게 잘 어우러진 시다. 주인공은 가을날 저녁에 내리는 비가 벽오동 잎사귀에 떨어지면서 내는 소리를 듣고는 생각에 잠기고 있다. 이 소리는 그에게는 마치 벽오동이 처량하게 울고 있는 것처럼 느껴진다. 아마도 현재 그의 심리 상태를 대변해 주는 듯하다.

이 작품의 공간적 배경으로 등장하는 남간(南澗)은 양지바른 남쪽에 흐르는 계곡으로, 시에서 이 공간이 가지는 의미는 남다르다. 가을날 해 질 무렵의 차가운 이내 낀 계곡에서 최전은 이러한 시공간에 동참하고 싶은 자신이었을지도 모르는 인물을 '은거하는 이[幽人]'와 '외로운 신하[孤臣]'로 대체해 배치함으로써, 이 작품 전체에 흐르는 상실감과 고독, 허무함, 슬픔 등의 정조를 더욱 고조하고 있기 때문이다.

---

271) 江南一夕生秋風, 碧梧寒雨鳴淒淒. 幽人自多思, 落日扶靑藜. 扶靑藜入南澗, 綠草寒烟溪上迷. 殘霞開處石泉鳴, 竹露零時幽鳥啼. 文章前日金鑾殿, 豈知浮生東又西. 靑雲今作馬生角, 嶺外旅魂空轉棲. 長安夢罷楚天碧, 洞庭雲消孤鴈嘶. 蒼苔謝屐自成痕, 白首陶巾愁欲低. 雲容水態共鮮明, 嘯志歌懷聊自題. 長沙千里孤臣在, 聖主何時降紫泥.

이 시를 통해 최전이 표현하고 싶었던 것은 자신을 알아주지 않는 현실에 대한 답답함이 아니었을까. 젊었을 적 품었던 청운(靑雲)의 큰 꿈은 지금에 와서는 말 머리에 뿔이 돋아나는 것과 같이 결코 일어날 수 없는 일이 되어 버렸고, 이제는 임금께서 조서를 내려 불러 주시기만을 기다릴 수밖에 없는 외로운 나그네의 비애가 절절히 가슴에 와닿는 시다.

다음으로 살펴볼 <경포에 부치다 2수(題鏡浦 二首)>는 강릉 경포대를 유람하고 지은 시로, 훗날 하곡(荷谷) 허봉(許篈)이 보고 훌륭하게 여겨 화답시를 남기며 자신은 최전의 시에 미칠 수 없음을 탄식했다.

봉래산에 한 번 드니 삼천 년이라
은빛 바다 아득할사 물은 맑고도 얕네.
난새 타고 오늘 홀로 날아오니
벽도화(碧桃花) 아래엔 아무도 보이지 않네.

현원황제 뵈러 어디로 가야 할까나
옥동(玉洞)은 아스라이 복사나무 천 그루라.
아름다운 제단에 달빛 밝고 서늘해 잠 못 들 제
만 리를 불어온 천풍에 그 향기 경포에 가득해라.[272]

이 시는 훗날 많은 문인들이 경포대를 지나갈 때 회자되었으며 최전 시의 전형을 보여 주는 작품이라 할 수 있다. 이 시의 전반적인 분위기는 선계(仙界)에 대한 지향에 있다. 우선 제1수의 1, 2구에 등장하는 봉래산과 은빛 바다의 이미지는 갈홍(葛洪)의 ≪신선전(神仙傳)≫에서 마고(麻姑)라는 선녀가 왕방평(王方平)이라는 신선에게 말하는 대목을 차용한 것이다. "마고(麻姑)가 말하길 '제가 지금껏 곁에서 모셔 오면서 이미 동해가 세 번이나 뽕나무밭으로 바뀌는 것을 보았습니다. 이번에 봉래산에 가 보았는데 바다가 지난번보다 맑고 얕아졌습니다. 어찌 장차 다시 언덕과 육지가 되지 않겠습니까?'"[273] 세상일의 변천과 세월의 무상함에 대한 비유로 유명한 이 이야기를 빌려 옴으로써 눈앞에 보이는 경포대의 승경을 신선이 산다는 봉래산에 비유하고, 자신을 난새를 타고 온 신선의 모습으로 그려 내고 있는 점이

---

272) 蓬壺一入三千年, 銀海茫茫水淸淺. 驂鸞今日獨飛來, 碧桃花下無人見. 朝元何處去不知, 玉洞渺渺桃千樹. 瑤壇明月寒無眠, 萬里天風香滿浦.

273) 麻姑自云, 接待以來, 已見東海三爲桑田, 向到蓬萊, 水淸淺于往者, 豈將復還爲陵陸乎?

특이하다. 이어서 2수에서는 노자(老子)를 참배하러 감을 뜻하는 '조원(朝元)'이라는 시구를 제시함으로써 선계(仙界)의 이미지로 시의 전반적인 분위기를 통일하고 있다. 제1수의 4구에서 '벽도화(碧桃花) 아래엔 아무도 보이지 않네'라고 한 대목에 깔려 있는 고독과 적막함의 정조 또한 선계에 대한 지향과 더불어 여타 그의 시 대다수에서 보이는 전형성이 잘 드러난 것이라 할 수 있다.

이상의 작품들만 가지고 최전 시의 전반적인 풍격을 논하기에는 한계가 있다. 본인의 시에 대한 감식안이 부족한 탓에 나머지 시문들에 대한 감상은 본서를 읽는 독자들 각자의 몫으로 남겨 두려 한다. 끝으로 지금의 결과물이 세상에 나오기까지 많은 도움을 주신 분들께 감사의 인사를 전하는 것으로 지면을 채우고자 한다.

먼저, 어리석고 둔한 저에게 배움의 길을 통해 많은 깨달음을 열어 주신 부산대학교 한문학과 교수님들께 감사의 인사를 올린다. 특히 너무도 부족한 제자를 끝까지 놓지 않으시고 하나부터 열까지 일일이 보듬고 가르쳐 주셔서 지금의 결과물을 내놓게 해 주신 김승룡 선생님께 더욱 큰 감사의 말씀을 전하고 싶다. 갈 곳을 몰라 방황하며 침체해 가던 제자에게 먼저 손 내밀어 공부에 대한 방향을 잡아 주신 큰마음을 잊지 않겠다. 아울러 그간 주말이든 방학이든, 날이 궂든 맑든 같이 공부하며 든든한 힘이 되어 준 동학들에게도 고마움을 전하고 싶다. 그리고 언제나 곁에서 묵묵히 지켜봐 주고 응원해 준 부모님, 그리고 지금 나의 곁에 있는 사람에게도 고마운 마음을 드린다. 마지막으로 부족한 원고를 어려운 출판 현실에도 불구하고 간행해 주신 지식을만드는지식에 감사의 뜻을 표한다.

지은이에 대해

최전(崔澱, 1567~1588)은 자가 언침(彦沈), 호는 양포(楊浦)이며 본관은 해주(海州)다. 그는 어려서부터 시문에 뛰어난 재주를 보여 신동으로 불렸으며 당나라 최고의 시인 이백에 견주어지기도 했다. 6세 때 아버지를 여의었고 9세에 형 최서(崔湑)와 최준(崔濬)을 따라 율곡 이이를 찾아가 수학했는데, 그의 뛰어난 시적 재능을 본 율곡이 천부적인 재주와 덕업을 지녔다고 칭찬했으며 나이 많은 문생들도 사귐을 청할 정도였다고 한다. 14세에는 사마 회시를 보았는데 이때 스승 이이가 시험 감독관인 것을 알고는 사제지간이라 혐의를 받을까 봐 답안지를 쓰고도 내지 않았을 만큼 평범치 않은 면모를 보였다. 그 후 1585년 18세의 나이로 진사시에 합격했으나, 문경의 양산사(陽山寺)에 가서 칩거하며 ≪주역≫을 읽다 병이 들어 1588년, 22세의 나이로 안타깝게도 요절하고 말았다.

옮긴이에 대해

서미나는 부산대학교 한문학과를 졸업하고 동 대학원 석·박사 통합 과정을 수료했다. 한국고전번역원 부설 고전번역교육원의 연수 과정을 졸업하고 현재는 조선 중기 한시 문학에 관심을 갖고 공부 중이다.

지역 고전학 총서

양포유고

지은이 최전
옮긴이 서미나
펴낸이 박영률

초판 1쇄 펴낸날 2022년 8월 28일

지만지한국문학
출판등록 제313-2007-000166호(2007년 8월 17일)
02880 서울시 성북구 성북로 5-11
전화 (02) 7474 001, 팩스 (02) 736 5047
commbooks@commbooks.com
www.commbooks.com

ⓒ 서미나, 2022

지만지한국문학은 커뮤니케이션북스(주)의
한국 문학 출판 브랜드입니다.
이 책은 저작권자와 계약하여 발행했으므로, 본사의 서면 허락 없이는
어떠한 형태나 수단으로도 이 책의 내용을 이용할 수 없습니다.

ISBN 979-11-288-6582-4 94810

책값은 뒤표지에 있습니다.

지역 고전학 총서 목록

<지역 고전학 총서>는 서울 지역의 주요 문인에 가려 소외되었던 지역 학자의 다양한 고전을 발굴 출판합니다.

≪가암 시집≫
전익구 지음, 김승룡 최금자 옮김, 200쪽, 18800원
경북 예천 지역 선비 가암 전익구의 시 81수 수록. 그는 평생 관직에 진출하지 않고 상주 우산 근처에서 학문과 시문에 힘썼다. 자연스럽고 구속됨이 없는 시는 그가 평생 견지한 수양의 자세를 보여 준다.

≪관복암 시고≫
김숭겸 지음, 노현정 옮김, 608쪽, 36800원
19세로 요절한 조선의 천재 시인 김숭겸은 명망 높은 집안에서 태어나 빼어난 시적 재능을 보였다. 13세부터 19세까지 지은 시만으로 조선 시문학사에 빛나는 족적을 남겼다. 242제 299수 모두 수록.

≪금강산 관상록≫
구하 지음, 최두헌 옮김, 290쪽, 22800원
근대 통도사의 선승이자 시승인 구하 스님의 금강산 여행기와 관상시. 금강산의 각 사찰과 소장 유물 등을 상세히 밝히고 순례자의 눈으로 금강산의 모습을 묘사한다.

≪목재 시선≫
홍여하 지음, 최금자 옮김, 256쪽, 18800원
17세기 조선 학자 목재 홍여하의 시 97수 수록. 임진왜란과 병자호란, 명의 멸망과 청의 등장이라는 대격변 속에서 올바른 학자의 역할을 수행하고자 애쓴 지식인의 고민이 담겼다.

≪서천 시문선집≫
조정규 지음, 전설련 옮김, 190쪽, 18800원
유학을 통해 국권 회복을 이루고자 했던 조정규가 중국을 다녀오며 기록한 일기, 시, 필담, 편지글, 제문 수록. 근대 전환기 유학자로서의 현실 인식과 대응, 지역 학자들의 인맥 관계, 동아시아에 대한 인식을 읽어 낼 수 있다.

≪양포유고≫
최전 지음, 서미나 옮김, 254쪽, 20800원
최전은 신동으로 유명했고 신흠, 이항복, 이정귀는 그의 시를 이백에 견주었다. 명나라에서도 절찬했다. 22세에 요절해 자취가 끊긴 조선의 천재 시인을 다시 찾았다.

≪이재 시선 1≫
황윤석 지음, 이상봉 옮김, 310쪽, 22800원
호남 선비 황윤석의 일기 ≪이재난고≫ 가운데 중요한 시들을 가려 묶었다. 젊은 시절 작품 99수 수록. 과거 공부를 통한 입신출세와 학자로서의 삶 사이에서 고뇌하는 청년 황윤석을 만날 수 있다.

≪죽오 시선≫
이근오 지음, 엄형섭 옮김, 210쪽, 18800원
18세기 울산을 대표하는 학자 이근오는 울산 최초의 대과 급제자였으나 세가 약한 영남 출신의 한계를 느끼고 낙향한다. 조선 후기 울산 지역의 모습과 영남파 학맥의 연원을 살필 수 있다.

≪회봉 화도시선≫
하겸진 지음, 이영숙 옮김, 252쪽, 20800원
하겸진은 조선 후기에 태어나 대한 제국기, 애국 계몽기를 거쳐 일제 강점기를 살았다. 1700여 수의 한시를 남겼으며, 다양한 저술과 시로 일제 강점기 종식되어 가는 한문학을 풍성하게 했다. 그가 도연명의 시에 화운한 화도시를 모았다.

≪후산 시문선집≫
정재화 지음, 정우락 옮김, 352쪽, 24800원
문집 ≪후산졸언≫에서 시 170수를 완역하고 문 세 편을 뽑아 옮겼다. 일제 강점기부터 유신까지 격변의 시대를 산 올곧은 유학자의 고뇌와 개화기 이후 단절된 근대 한문학의 맥을 살필 수 있다.

계속 출간됩니다.